大阪歴史博物館所蔵

関ヶ原合戦図屏風（左隻）

図説 「合戦図屏風」で読み解く！
戦国合戦の謎

小和田哲男［監修］

青春新書
INTELLIGENCE

はじめに

戦国合戦《せんごくかっせん》を調べようというとき、基本資料となるのは、軍忠状《ぐんちゅうじょう》とか感状《かんじょう》、さらには当事者の戦勝報告など古文書《こもんじょ》である。しかし、合戦をそれら古文書だけで復元するのは不可能といってよい。結局、江戸時代に書かれた軍記物《ぐんきもの》や家譜《かふ》などの編纂物《へんさんもの》に頼らざるをえなくなる。現在伝えられている合戦譚《たん》は、多くの場合そのような成り立ち方をしている。

ところが、そこに落とし穴がある。軍記物作者や家譜の編纂者は、現代のわれわれよりははるかに戦国時代に近く、場合によっては戦国経験者だったかもしれない。合戦の情景など、リアルタイムとまではいかないかもしれないが、臨場感をもって描き出すことができた。ただ、どうしても文章だけでは臨場感が伝わってこないもどかしさのようなものがある。

そのもどかしさを解消してくれるのが「合戦図屏風《かっせんずびょうぶ》」である。文章だけではつかめなかった合戦の情景が目の前に鮮《あざ》やかによみがえってくる。もっとも、本書でもふれることになるが、実景描写というわけではない。現代の写真などとちがって、描き手の主観が入っていることはいうまでもない。たとえば、川中島《かわなかじま》の合戦一つをとってみても、上杉《うえすぎ》方の立場で描かれた屏風と、武田《たけだ》方の立場で描かれた屏風がちがっているのはそのためである。

そして、そのことは、戦国合戦を研究していく上での好材料になるということも指摘しておかなければならない。要するに、一つの合戦でも、いくつかの屛風から多角的に探ることで、より実際の戦いに近い姿に復元できることになる。

現在、いくつかの合戦について、論争となっている場面がある。たとえば天正《てんしょう》三年（一五七五）五月二十一日の長篠《ながしの》・設楽原《したらがはら》の戦いにおける例の「鉄砲三段撃ち」の虚実など、合戦図屛風の読解による研究も進められていることは周知の通りである。

それとともに、合戦図屛風は、やはり文字資料だけではつかむことがむずかしい実際の合戦場面が、視覚的にわかりやすく伝わってくる点が特徴である。合戦場面を通して、戦国武将だけでなく、合戦に巻き込まれた人びとの実態にもふれることができる。合戦図屛風は、戦国時代を知る恰好《かっこう》の絵画資料といってよい。

小和田哲男

図説「合戦図屏風」で読み解く！ 戦国合戦の謎●目次

第二章　合戦図屏風でわかる**戦国武将の戦術**　81

第三章　合戦図屏風に描かれた**戦国時代の風景**　121

カバー写真提供：大阪歴史博物館
本文写真提供：大阪城天守閣、犬山城白帝文庫、ミュージアム中仙道、鍋島報效会、岩国美術館、相国寺、承天閣美術館、関ケ原町歴史民俗資料館、名古屋市博物館、大阪歴史博物館、彦根城博物館、東京国立博物館、DNPアートコミュニケーションズ
図版・DTP：ハッシィ

序章

合戦図屏風とは何か

——絵画芸術に隠された歴史の真実

合戦図屏風の楽しみ方

「合戦図屏風《かっせんずびょうぶ》」とは、源平《げんぺい》合戦期から戦国時代にかけて、各地で行なわれた史上有名な合戦を主題として、制作された屏風絵のことである。

合戦の様相を絵に描いて残す試みは古くから行なわれ、承安《じょうあん》元年（一一七一）には、後白《ごしら》河法皇《かわほうおう》の命《めい》で後三年《ごさんねん》の役《えき》を描いた『後三年合戦絵巻』が制作されている。

以後、平安末期後期から鎌倉時代にかけて軍記物を題材にした合戦絵巻が盛んに製作された。絵巻物は詞書《ことばがき》と絵で構成され、縦三〇センチ、横一〇〜二五メートルというサイズが一般的である。今で言う絵本のような感覚で少しずつ広げて読み、鑑賞した。

しかし絵巻物は合戦を描く媒介《ばいかい》としては、縦（天地）が短く画面が小さいため、戦場の臨場感が出せず迫力に欠けることや、大人数での鑑賞に不向きなことから室町時代に衰退。代わって合戦絵のキャンバスとして登場したのが、大画面に絵を展開できる屏風である。とくに十六世紀以降、書院《しょいん》（大広間）を中心に構成される武家の住宅型式「書院造《づくり》」の登場により室内を自在に区画する屏風が広く求められるようになると、その装飾として屏風絵が隆盛を迎えた。

風景図や風俗図、物語に題材をとった物語図などが描かれるなか、合戦図も主要なテーマのひとつとして描かれるようになった。これが合戦図屏風である。とくに屏風の広い空間は、多

主な合戦図屏風一覧

屏風名	形 式	合戦の年月日	所 蔵
川中島合戦図屏風	六曲一双	弘治2年(1556)、 永禄4年(1561)9月10日	和歌山県立美術館
川中島合戦図屏風	八曲一双	永禄4年(1556)9月10日	岩国美術館
川中島合戦図屏風	六曲一双	永禄4年(1556)9月10日	ミュージアム中仙道
姉川合戦図屏風	六曲一隻	元亀元年(1570)6月28日	福井県立博物館
長篠合戦図屏風	六曲一隻	天正3年(1575)5月21日	犬山城白帝文庫
長篠合戦図屏風	六曲一隻	天正3年(1575)5月21日	徳川美術館
長篠合戦図屏風	六曲一隻	天正3年(1575)5月21日	大阪城天守閣
長篠合戦図屏風	六曲一隻	天正3年(1575)5月21日	松浦史料博物館
耳川合戦図屏風	八曲一隻	天正6年(1578)11月	承天閣美術館
山崎合戦図屏風	六曲一双	天正10年6月13日	大阪城天守閣
賤ヶ岳合戦図屏風	六曲一双	天正11年(1563) 4月20、21日	岐阜県立博物館
賤ヶ岳合戦図屏風	六曲一双	天正11年(1563) 4月20、21日	大阪城天守閣
賤ヶ岳合戦図屏風	六曲一隻	天正11年(1563) 4月20、21日	勝山城博物館
長久手合戦図屏風	六曲一隻	天正12年(1564)4月9日	犬山城白帝文庫
長久手合戦図屏風	六曲一隻	天正12年(1564)4月9日	徳川美術館
長久手合戦図屏風	六曲一隻	天正12年(1564)4月9日	大阪歴史博物館
朝鮮軍陣図屏風	六曲三隻	慶長2年(1597)12月～ 慶長3年(1598)1月	鍋島報效会
泗川合戦図屏風	六曲一双	慶長3年(1598)9月	尚古集成館
関ヶ原合戦図屏風	八曲一双	慶長5年(1600)9月15日	大阪城天守閣
関ヶ原合戦図屏風	六曲一隻	慶長5年(1600)9月15日	彦根城博物館
関ヶ原合戦図屏風	六曲一双	慶長5年(1600)9月15日	行田市郷土博物館
長谷堂合戦図屏風	六曲一双	慶長5年(1600)9月	個人蔵
大坂冬の陣図屏風	六曲一双	慶長19年(1614)12月	東京国立博物館
大坂夏の陣図屏風	六曲一双	元和元年(1615)5月7日	大阪城天守閣

くの人物が入り乱れる合戦パノラマを展開するのに適した素材であった。
屏風の形態は、六枚の画面で構成される屏風が左右で対《つい》になった六曲一双《ろっきょくいっそう》を基本としている。一双の場合、向かって右側に立てるものを右隻《うせき》、左側に立てるものを左隻《させき》という。画面一枚一枚を扇《せん》と呼び、物語が右から左に進むことから、右から第一扇、第二扇と数える。

先祖の活躍を伝える資料

合戦のなかでも、とくに頻繁《ひんぱん》に描かれたのが戦国時代の合戦であった。戦国時代は、一般に十五世紀半ばに始まる応仁《おうにん》・文明《ぶんめい》の乱などの争乱から、織田信長《おだのぶなが》の上洛《じょうらく》、豊臣秀吉《とよとみひでよし》の天下統一を経て、慶長《けいちょう》五年（一六〇〇）の関ヶ原《せきがはら》の合戦に勝利を収めた徳川家康《とくがわいえやす》が、元和《げんな》元年（一六一五）の大坂夏の陣で豊臣家を滅ぼし、戦乱の時代に終止符を打つまでの一五〇年間を指す。

この時代の合戦が描き込まれた屏風は、純粋な芸術作品としてではなく、さまざまな制作意図のもとに描かれる傾向にあった。とくに最初期は合戦に参加した武将やその子孫が、先祖の功績をたたえ、その働きを後世《こうせい》に伝えたり、政治的効果を企図《きと》して発注した作例が目立つ。

たとえば、大阪城天守閣《てんしゅかく》が所蔵する『大坂夏の陣図屏風』は、福岡藩《ふくおかはん》初代藩主《はんしゅ》となった黒田《くろだ》長政《ながまさ》を主人公にして、黒田家の由緒《ゆいしょ》を語り、犬山城白帝文庫《いぬやまじょうはくていぶんこ》所蔵の『長久手合戦図屏風《ながくてかっせんずびょうぶ》』は、

合戦図屏風の形式

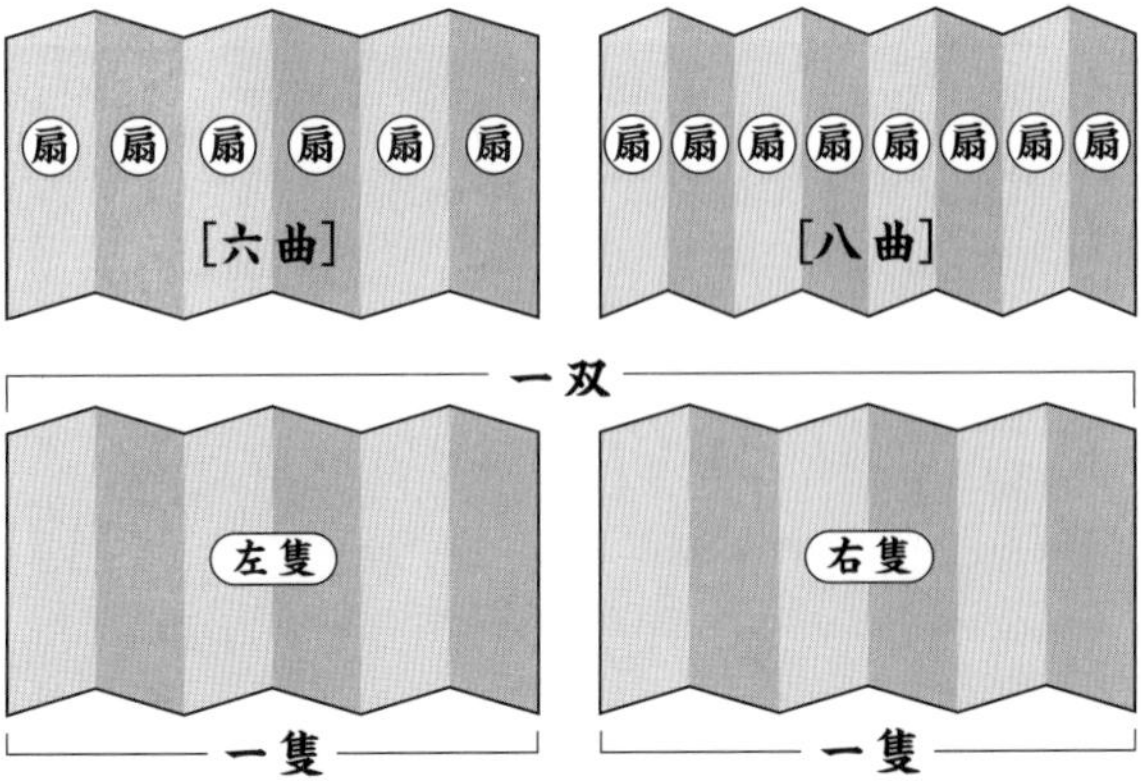

屏風は「扇」という縦長の絵が幾枚か組み合わされることで構成され、「扇」の枚数に応じて「曲」が決まる。たとえば「扇」が6枚組み合わさってひとつの屏風を形づくっていれば「六曲」で、8枚であれば「八曲」となる。

代々尾張藩《おわりはん》の御附家老《おつけがろう》を勤めた成瀬家《なるせけ》の先祖の活躍を誇示したものである。

そうした合戦図屏風は江戸中期になると、武家の屋敷に適した調度品《ちょうどひん》として普及。新たな構図によるオリジナル作品は生まれなかったが、写本や模写が頻繁に制作され、大名家などで屋敷を飾る調度品として好まれた。

さらに江戸後期を迎えると、錦絵《にしきえ》の武者絵《むしゃえ》のような躍動感《やくどうかん》あふれる人物表現を用いることで、より迫力ある合戦を描き出す試みが行なわれ、斬新《ざんしん》な作品が生み出されたのである。

戦国時代の貴重な史料

こうして今に伝えられる屏風絵は、優れた芸術作品であると同時に、戦国時代を読み解く重

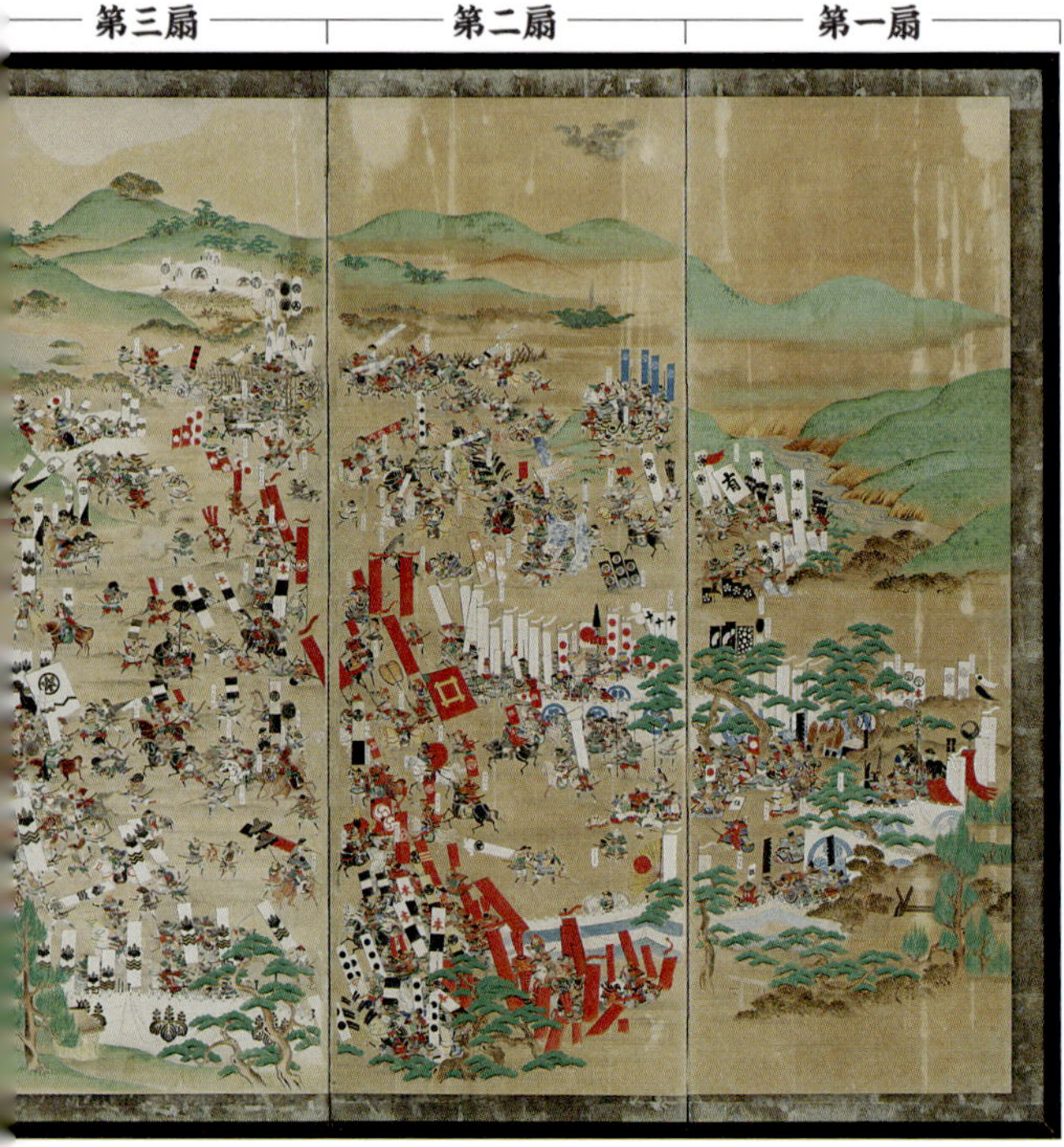

『関ヶ原合戦図屏風』（関ヶ原町歴史民俗資料館所蔵）

要な史料にもなる。たとえば、兵たちの軍装や庶民の描かれ方もそのひとつ。大阪歴史博物館所蔵の『関ヶ原合戦図屏風』は稲の運搬、脱穀《だっこく》、精米という作業などが描かれ、農業史料として見るべき点が多い。また、大阪城天守閣所蔵の『大坂夏の陣図屏風』は、合戦のあおりをうけて市街地が混乱に陥り、逃げ惑う民衆の姿が描かれ、武功《ぶこう》話《ばなし》からは伝わってこな

屏風の部位

い、戦場の悲惨な光景を伝える。

さらには東京国立博物館所蔵の『大坂冬の陣図屏風』の真田丸《さなだまる》の描写や、『長篠《ながしの》合戦《かっせん》図《ず》屏風《びょうぶ》』の鉄砲隊の描写のように、諸説ある合戦の謎を解き明かす描写も見られる。

たしかに合戦図屏風のすべてが史実に忠実というわけではないが、戦国合戦の実相《じっそう》を伝え、謎を解き明かす重要な要素となるのである。

第一章

合戦図屏風が解き明かす戦国合戦の謎

発注者の意図を反映した数ある屏風絵の力

右隻第４扇に描かれた東軍の総大将・徳川家康。両隻を通じて人物が特定できるのは彼のみである。

DATA	
成立年代	江戸時代初期
形 式	八曲一双／紙本金地著色
サイズ	各隻縦 194.1㎝×横 590.0㎝
所 蔵	大阪歴史博物館

関ヶ原合戦図屏風

見どころ 陸奥弘前藩主の津軽家に伝来した屏風であることから、「津軽屏風」とも呼ばれる。右隻（上）には決戦前日の状況が描かれ、左隻（下）に西軍敗走の場面が描かれる。西軍の中心を宇喜多隊と見立て、これと正面から激突した福島正則隊の活躍が目立つ。

右隻

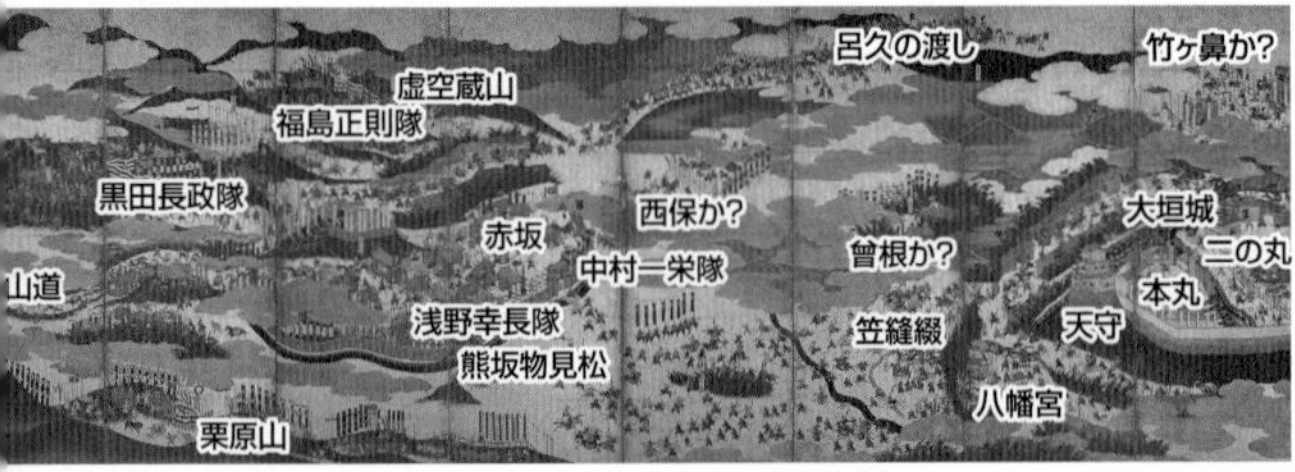

天下分け目の戦いとなった関ヶ原の合戦

慶長《けいちょう》三年（一五九八）の天下人・豊臣秀吉《とよとみひでよし》の死後、政権の実権を巡って対立を深めた五大老《ごたいろう》筆頭の徳川家康《とくがわいえやす》と、五奉行《ごぶぎょう》のひとり石田三成《いしだみつなり》が、美濃国関ヶ原《みののくにせきがはら》にて激突した。それが慶長五年（一六〇〇）に行なわれた関ヶ原の合戦である。

全国の大名が、家康率いる東軍か、三成率いる西軍いずれかの陣営に属し、全国を舞台に戦いを繰り広げた、天下分け目の戦いとなった。

慶長五年七月十八日に始まる西軍の伏見城《ふしみじょう》攻めを緒戦《しょせん》とする一連の戦役は、関ヶ原にて最終局面を迎える。九月十五日、関ヶ原の平野を囲むように布陣した両軍は、東軍の井伊《いい》・松平《まつだいら》隊の抜け駆けによる発砲を契機に戦端を開いた。戦いは一進一退の攻防が続いたが、小早川秀秋《こばやかわひであき》の裏切りにより西軍が崩れ、東軍の勝利に終わった。

この勝利によって、家康は豊臣家をも凌駕《りょうが》して全国の大名か

図解『関ヶ原合戦図屏風』

左隻

大阪歴史博物館に所蔵される『関ヶ原合戦図屏風』は、随所で福島勢の活躍が目立つ構図となっている。

ら抜き出た存在となり、慶長八年（一六〇三）には征夷大《せいいたい》将軍《しょうぐん》に就任。江戸幕府を開くこととなる。

さまざまな合戦図屏風

この関ヶ原の合戦は、戦国史上最大規模の合戦となっただけに、合戦図屏風も彦根《ひこね》城《じょう》博物館所蔵本、福岡市美術館所蔵本など、十数点が残され、様々な場面が活写されている。しかもそれぞれが発注者の思惑や、時代によって異なる特色を持ち、どれも興味深い。

十八～十九頁の屏風は、八曲一双《はっきょくいっそう》の大阪歴史博物館所蔵の伝本である。本戦前日の西軍が籠《こも》る大垣城《おおがきじょう》と、東軍の赤《あか》坂《さか》の陣の様子を描いた右隻《うせき》と、九月十五日の合戦後、勝利した東軍が追撃戦に移る場面を描いた左隻《させき》から構成される。

この屏風は陸奥《むつ》弘前《ひろさき》藩主の津軽《つがる》家が所蔵していたもので、慶長十七年（一六一二）に、徳川家康の養女満天姫《まてひめ》が津軽家に輿入《こしい》れする際、家康に懇願《こんがん》して二双あった『関ヶ原合戦図屏風』のうち、一双を譲り受けたという。そのため合戦が終わって間もない時期に制作された最古の『関ヶ原合戦図屏風』として重要視されている。ただし、東西両軍が拮抗する描写がない不自然な構成と、「二双のうち一双をもらった」という記録から、もう一双の屏風の存在が指摘されている。

この作品の特徴は、家康の姿が克明に描かれていることである。

右隻第四扇の家康を見てほしい。大鍬形《おおくわがた》の兜をつけ、馬に乗った家康の姿が見えるが、じつはこの屏風で人物を特定できるのは家康ひとりである。あえて家康のみを際立たせようとしていることが分かる。

この戦いでは福島正則《ふくしままさのり》や黒田長政《くろだながまさ》など、豊臣系大名も活躍したが、徳川家が天下を取った関ヶ原の合戦を家康ひとりの功績として演出することで、政権交代を印象付けようとした意図がうかがえる。

また、東軍諸隊のなかで福島正則隊だけが大きく目立つように取り扱われているのも、この屏風の特徴である。

二十五頁に掲載した左隻第四扇中央部分を見てみると、福島隊の「山道《やまみち》」の幟旗《のぼりばた》が屹立《きつりつ》しているのに対し、福島隊が実際に戦った宇喜多《うきた》隊の「白餅《しろもち》」の幟旗が散乱しており、福島隊の

彦根城博物館所蔵の『関ヶ原合戦図屏風』第2扇に描かれた井伊隊。井伊直政のみならず、多くの家臣の名が細かく記されている。

彦根城本とほぼ同じ構図の行田市郷土博物館本であるが、こちらでは使い番が家康に見立てた鎧櫃に報告を行なうなか、中間に戸田氏鉄のみが描かれ、側近としての姿をより際立たせている。

勝利を示している。家康の命により製作されたといわれるが、製作中、何らかの形で福島家が関与していたのかもしれない。満天姫も津軽家への輿入れの前の一時期、福島家に嫁いでおり、そうした縁からこの屏風を所望《しょもう》したとも考えられる。

そのほかにも、江戸後期に作られた六曲一隻の彦根城博物館所蔵本（二十三頁）は、戦いを彦根藩の祖である井伊直政《なおまさ》と、「井伊の赤備え《あかぞなえ》」と恐れられた家臣団を中心に描いた点に特色があり、馬上で采配《さいはい》をふるう直政と家臣団が克明に描かれている。面白いのは井伊隊の旗指物《はたさしもの》。その多くに家臣の姓名が細かに記されているのだ。ここまで書き入れられているのは珍しいが、家臣たちにとっても自家の由緒《ゆいしょ》となる戦いだけに、姓名を入れ、アピールする狙いがあったとみられる。

この彦根城本に近い内容を左隻に配し、前日の大垣城杭瀬川《くいせがわ》の合戦を右隻として加えたのが、行田《ぎょうだ》市郷土博物館所蔵本である。左隻はほぼ彦根城本と同じだが、唯一違うのが家康の周辺である。彦根本では多くの旗本にひとりに過ぎない大垣藩主戸田氏鉄《とだうじかね》が、行田本では唯一の側近のごとく強調されて描かれている。やはり製作には戸田氏の意図が反映されていたのだろう。

関ヶ原の合戦における活躍は、徳川の世を生きる諸大名およびこれに仕《つか》える武士にとって重要な存在意義のひとつであった。大名家はそれを屏風にさまざまな形で表わすことによって、

大阪歴史博物館所蔵本の左隻に描かれた福島正則隊の陣。西軍と宇喜多隊の激闘。宇喜多隊の旗指物が散乱し、勝敗の行方を示している。ただし、主将たる正則自身の姿は描かれていない。

後世に伝えたのである。

少し毛並みが違うのが江戸後期に作られた岐阜市歴史博物館所蔵本である。

ほかの作品とは正反対の方向から戦場を眺めた独特の構図で描かれ、主要な武将を精密かつ躍動感《やくどうかん》あふれる筆致で描き出している。

史実性より芸術作品としての趣《おもむき》を重視したらしく、随所に絵師《えし》の自由なデザインが加えられている。とくに家紋のデザインには絵師が独自の意匠《いしょう》を凝らしたらしく、福島正則の山道文《もん》が縦方向ではなく横方向に走っている。

このように『関ヶ原合戦図屏風』を比較しつつ眺めると、それぞれの発注者や制作者の意図がありありと浮かび上がってくるのである。

浮かび上がる伝説の要塞・真田丸の意外な姿

DATA	
成立年代	江戸時代後期
形式	六曲一双／紙本淡彩
サイズ	各隻縦 166.2㎝×横 300.9㎝
所蔵	東京国立博物館

大坂冬の陣図屏風

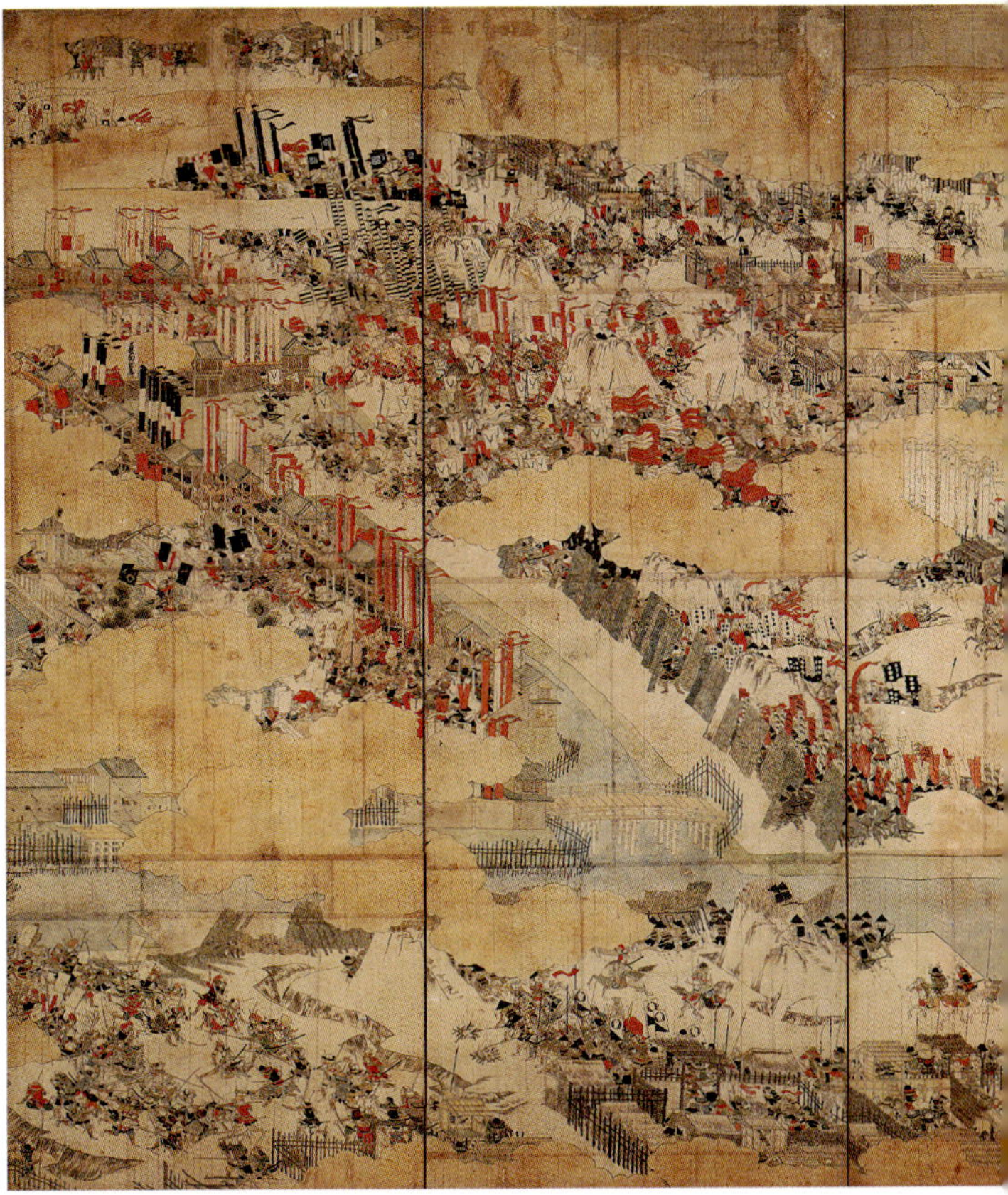

見どころ 『大坂冬の陣図屏風』の右隻第２扇〜第６扇の部分。攻防の最前線にあたり、第５扇〜第６扇にかけて真田丸を巡る激戦の様子が克明に描かれている。

徳川軍に大損害を与えた真田丸

大坂の陣は、天下の掌握《しょうあく》を進めていた徳川家康が豊臣氏の大坂城を攻め、滅亡へと追い込んだ戦いである。

休戦期間を挟《はさ》んで大きくふたつの合戦にわかれ、慶長十九年（一六一四）十一月から十二月にかけて冬の陣が、翌元和《げんな》元年（一六一五）五月に夏の陣が行なわれた。冬の陣では全国の大名を総動員した徳川軍二十万が大坂城を包囲。浪人衆《ろうにんしゅう》を中心とする豊臣軍十万が城に籠《こも》り、抗戦する籠城戦《ろうじょうせん》となった。城の周囲で両軍の激突が繰り返されるなかで、最も激しい攻防となったのが、真田丸《さなだまる》での戦いである。

大坂城は北と東、西の三方には川や湿地などが広がり、堅固な守りを誇った城だが、河内《かわち》平野が広がる南側だけは、空堀《からぼり》が設けられただけで、唯一の弱点とされていた。

豊臣方に属した真田信繁《さなだのぶしげ》（幸村《ゆきむら》）はこの弱点を補強するために、大坂城の本丸《ほんまる》、二《に》の丸《まる》、三《さん》の丸《まる》の外側にある総構《そうがまえ》（外曲輪《そとぐるわ》）のさらに南の外側に張り出すように砦《とりで》を築いた。これが「真田丸」である。

真田丸の姿は、屏風絵にも見ることができる。東京国立博物館所蔵の『大坂冬の陣図屏風』の右隻第六扇《せん》の上部を見て欲しい（三十一頁参照）。そこには攻め寄せる徳川軍と、激しい反

防弾用の竹束を組んで大坂城へ攻め寄せる東軍の足軽部隊。

撃を見せる真田隊の様子が俯瞰図《ふかんず》のように描かれている。

真田丸は櫓《やぐら》を備え、そこには石落《いしお》としの細工が施《ほどこ》され、さらにその外側に堀《ほり》が巡らされている。実際の規模は一八〇メートル四方に過ぎなかったが、立派な構造物であったことがわかる。

一方の攻撃側は土砂を積み上げて築山《つきやま》を設け、竹束《たけたば》、木製の楯《たて》などの防弾施設を並べて、様子をうかがっており、緊迫した様子が活写されている。

戦いは真田丸が完成してまもない十二月四日の夜半に始まった。徳川方の前田利常《まえだとしつね》、井伊直孝《なおたか》、松平忠直《ただなお》らが真田丸に総攻撃を仕掛けたのである。小さな出丸《でまる》なので、大軍で攻め寄せればひとたまりもないと考えていたのだろう。しかしそれは真田信繁の思うつぼであった。真田隊の挑発に乗って前田隊が攻め寄せ、堀や柵《さく》に取りついた途端、堀柵に三十センチ間隔で設けられた鉄砲狭間《はざま》から一斉に鉄砲の猛射《もうしゃ》が浴びせられたのである。井伊、松平隊に加え、藤堂《とうどう》隊も突撃したが、同じく真田隊の絶え間ない鉄砲射撃の餌食《えじき》となり、空堀に死体を積み上げるばかりだった。

こうして徳川方は数千人の死者を出し、真田丸の攻略に失敗。退却したのである。

孤立無援の砦を築いた理由

このように緒戦《しょせん》において劇的な勝利を収める要因となった「真田丸」はこれまで、大坂城とつながっており、往来可能な構造だったとされていた。その形も屏風に描かれたものとは異なる、半円形の出丸（丸馬出《まるうまだし》）で

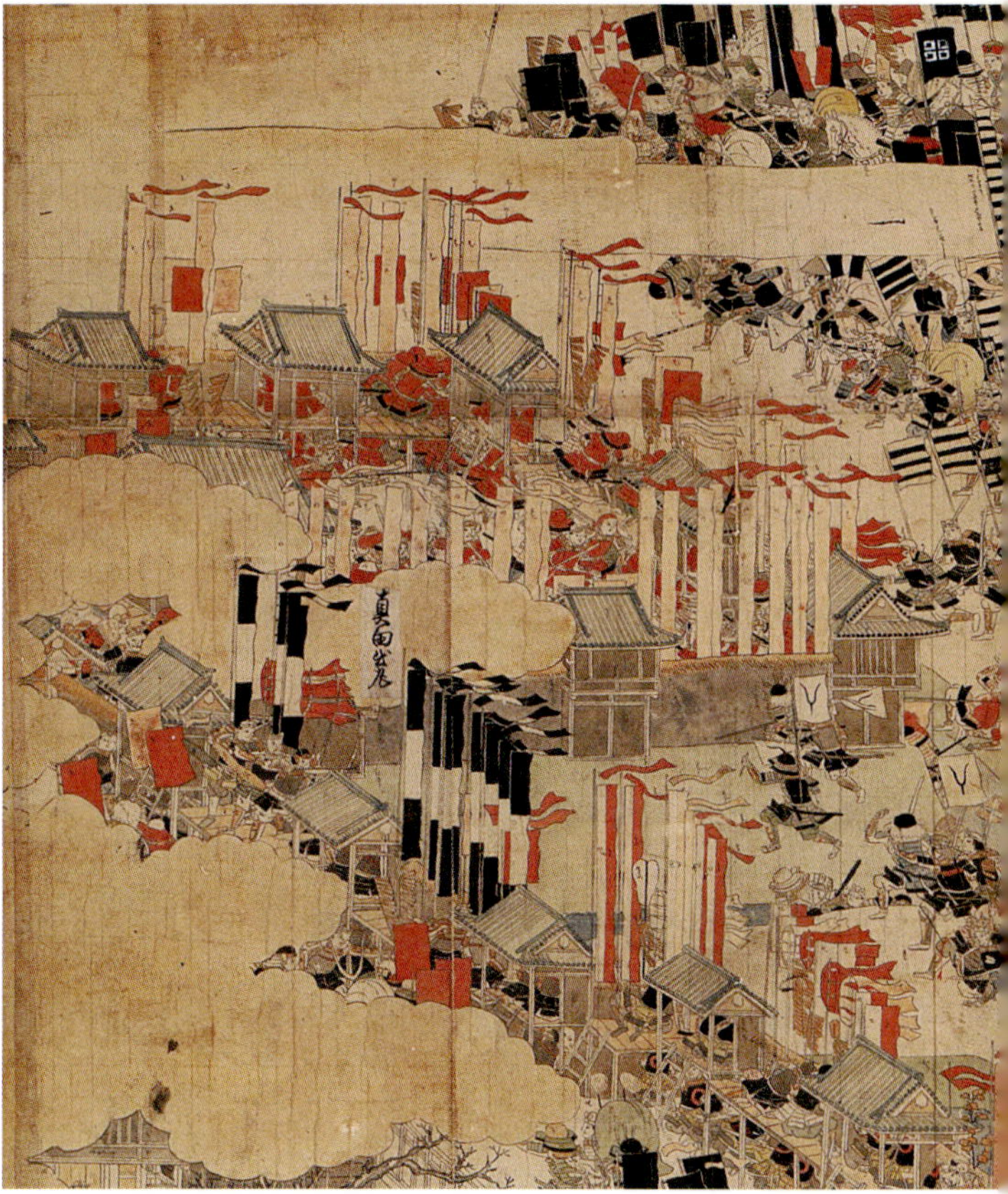

右隻第６扇に描かれた真田丸。本城と接続する出丸の形をとり、徳川方の軍勢が殺到する様が描かれている。

あり、万一、突破されたとしてもすぐ城内に退却できる構造だったと考えられていたのである。

ところが、近年この定説を覆《くつがえ》す新説が唱えられている。三十三頁に掲載した江戸時代初期の城跡図面集『諸国古《しょこくこ》城《じょう》之図《のず》』（広島市立中央図書館蔵）の真田丸部分を見てほしい。城と真田丸との間には深い谷が落ち込み、崖《がけ》が両者を隔てている。真田丸が独立した城のように描かれているのだが、定説とかけ離れた図面だったため今まで重視されていなかった。ところが、最新の等《とう》高線《こうせん》調査によって時代ごとの等高線を調査した結果、当時、真田丸があった上町《うえまち》台地は谷が入り組んで高低差が激しく、大坂城と真田丸の間には実際に谷が存在していたことが明らかになった。つまり、城と真田丸は分断されていたのである。

だが、これでは真田丸が陥落した場合、信繁ら真田勢は大坂城へ退却することができない。なぜ、信繁は真田丸をこのような危険な構造にしたのだろうか。

信繁が、防御が弱く攻撃目標になると思われたこの南方面の守りを買って出たのは、実兄の信之《のぶゆき》が徳川陣営にいることから、味方から疑いの目を向けられていたためといわれている。その疑いを払拭《ふっしょく》するためにあえて危険な地の防御についたのである。とはいえ、あえて孤立無《こりつむ》援《えん》の砦《とりで》を築かなくてもいいのではなかろうか。

奈良大学の千田嘉博《せんだよしひろ》氏は、この孤立無援の砦こそ信繁の知略の真骨頂《しんこっちょう》ではないかと推測している。すなわち、敵の定石《じょうせき》に反した地に砦を築くことで格好の標的となり、敵の主力を一手に引き寄せる。その隙に西側の他の部隊が反撃を仕掛けるという策略だったのではないかと分析する。信繁はこの砦で大軍を防ぎきる自信を持っていたのである。

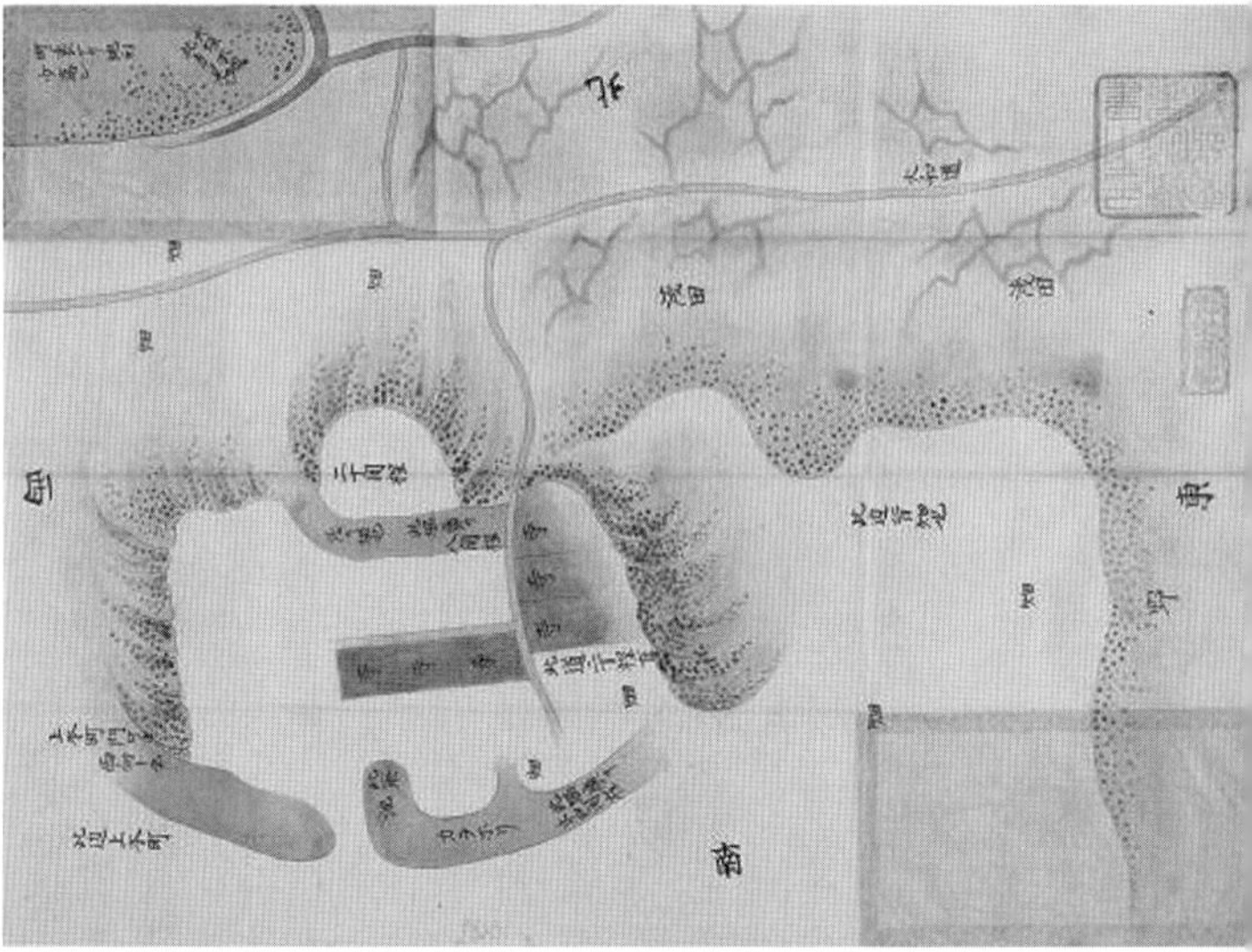

出丸ではなく、出城として独立する真田丸の姿が描かれた『諸国古城之図』。
（所蔵：広島県中央図書館）

徳川方も城から味方が加勢に来ることのない小さな砦だと侮《あなど》ったからこそ、容易に挑発に乗って攻撃を仕掛け、信繁の術中にはまったともいえる。

さらにその形状についても、通説にいわれる半円形状でも、屏風に描かれたような単郭《たんかく》の城でもなかったという指摘もある。その根拠のひとつが、大坂の陣において軍の配置図、戦況などを記した『大坂陣図絵《おおさかじんずえ》図写《ずうつし》』である。そこには本丸・二の丸・三の丸から成る城の形をした真田丸が描かれているのだ。

果たして真田信繁の戦術のすべてをつぎ込んだとはどのような姿をしていたのか。謎は深まるばかりである。

武田信玄と上杉謙信の一騎打ちがなぜこうも違うのか

DATA	
成立年代	江戸時代前期
形 式	六曲一双／紙本著色
サイズ	各隻縦 108.5㎝×横 272.6㎝
所 蔵	和歌山県立博物館

川中島合戦図屏風

見どころ 紀州本『川中島合戦図屏風』の右隻。右隻・左隻ともに川中島の合戦の様子を描くが、右隻は天文23年（1554）における御幣川での戦いを描いたものともいわれる。注目は第5扇に描かれた武田信玄と上杉謙信の一騎打ちである。両将はともに馬に乗り、川のなかで刃を交えている。

新たな一騎打ちの構図が登場

甲斐《かい》（現在の山梨県）の武田信玄《たけだしんげん》と越後《えちご》（現在の新潟県）の上杉謙信《うえすぎけんしん》が北信濃《きたしなの》の支配を巡って、五度にわたり激突したのが、戦国史上に名高い「川中島《かわなかじま》の合戦」である。なかでも永禄《えいろく》四年（一五六一）の第四回の会戦《かいせん》では史上稀に見る激戦が繰り広げられた。

この合戦では当初、軍を二手に分けて挟撃《きょうげき》を企図した武田軍の作戦を、上杉側が見破り戦いを優位に進めたが、別働隊の到着を待って武田軍が猛反撃に転じたことで、痛み分けに終わったといわれている。

川中島の合戦を象徴するのが、両軍の激闘の最中《さなか》、信玄・謙信の両将が直接刃《やいば》を交えたという一騎打ちの場面である。

その様子は、ミュージアム中仙道《なかせんどう》所蔵の『川中島合戦図屏風』右隻に見える。屏風絵の四扇には、乱戦のなかから突如現われた騎乗の謙信が、床几《しょうぎ》に座った信玄に馬上から斬りつけ、信玄が刀を軍配《ぐんばい》で受け止める姿が描かれている（四十一頁参照）。まさに大将同士が雌雄《しゆう》を決せんとする場面であり、このシーンこそが合戦のクライマックスとして人口《じんこう》に膾炙《かいしゃ》してきた。

ところが一九九二年に和歌山県内の旧家で発見された、六曲一双《ろっきょくいっそう》の『川中島合戦図屏風』（和歌山県立博物館所蔵・通称紀州本《きしゅうぼん》）には、この通説とは異なる一騎打ちの様相が描かれていた。

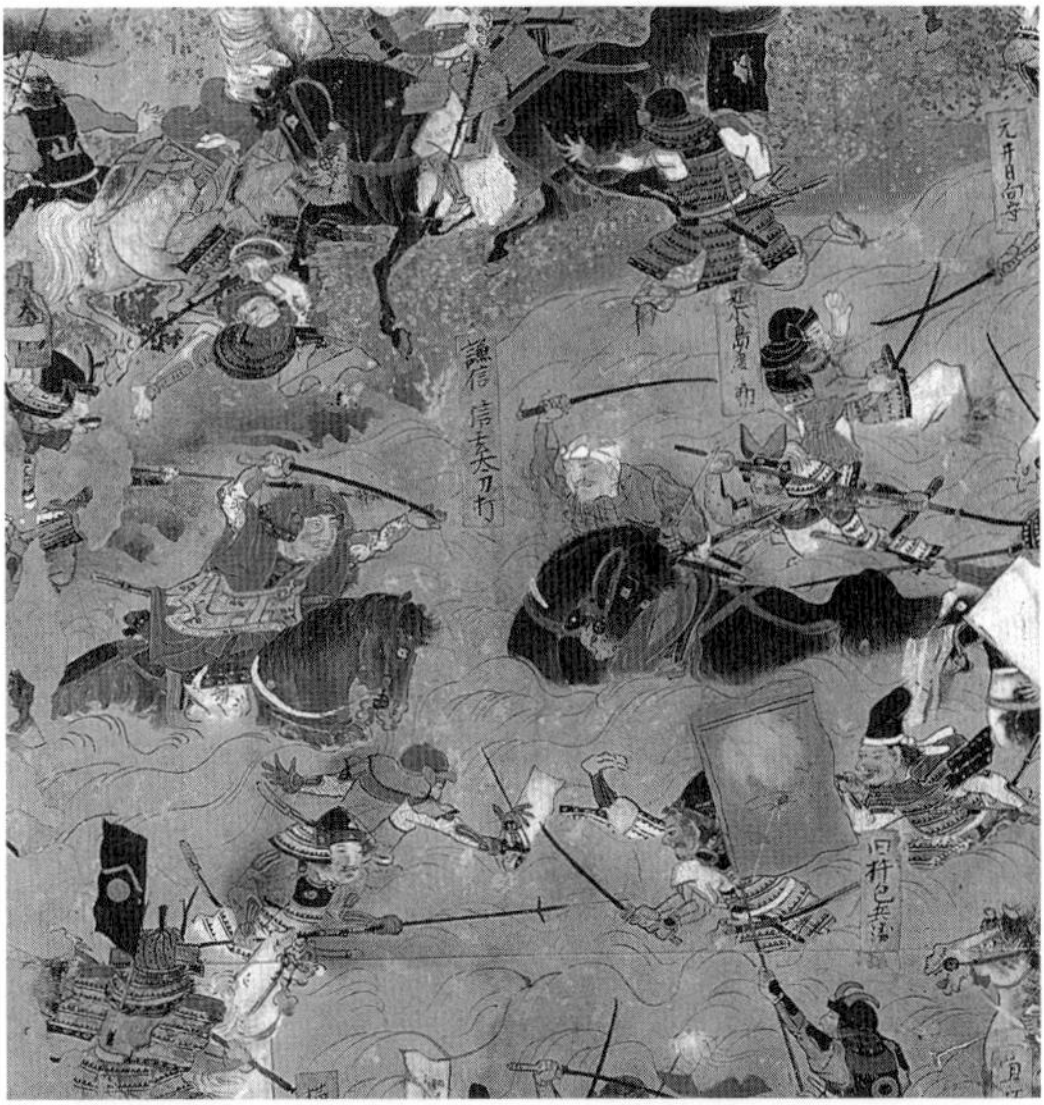

和歌山県立博物館所蔵の『川中島合戦図屏風』。その右隻第5扇に描かれた武田信玄と上杉謙信の一騎打ちの場面。川の中ほどで馬に乗った謙信と信玄両者が直接刃を交えている。

紀州本の右隻第五扇中央部分に注目してほしい。信玄と謙信は敵味方入り乱れる乱戦のなか、ともに馬を駆って川へ乗り入れ、そこで斬り結んでいる。

なぜ、同じ戦いにおいて一騎打ちのシーンが異なって描かれているのか。それは屏風絵が典拠とした史料が違うからである。

中仙道本に描かれたような一騎打ちは、武田方の軍学書《ぐんがくしょ》『甲陽軍鑑《こうようぐんかん》』を典拠としたもの。そこには次のような記述がある。

「紺糸威《こんいとおどし》の鎧の上に萌黄《もえぎ》の胴肩衣《どうかたぎぬ》着たる武《む》者《しゃ》、白頭巾《しろずきん》にて頭を包み、月毛《つきげ》の馬に乗り、三尺ばかりの刀を抜きもちて、信玄公床机の上に御座《ござ》候《そうろう》ところへ、一文字に乗り寄せ、切先《きっさき》はずしに三刀きりたてまつる。信玄公立ち、軍配団扇《うちわ》にて受けなさる」と、謙信の太刀《たち》を信玄が軍配で受ける一騎打ちの様子が克明に記されている。

ところが上杉方の軍学書『北越軍記《ほくえつぐんき》』には、「川へ両軍が乗り入れて戦い、謙信も信玄も太刀を抜いて、短時間ながら一騎打ちを行なった」とある。つまり、一騎打ちの様子を記した史料がふた通り存在し、紀州本は『北越軍記』に沿って描かれたというわけだ。

では一体どちらの描写が真実なのか。じつはどちらの軍記にも創作がみられ、真偽のほどは定かではない。まして陣中深くに構えているはずの大将同士が、一騎打ちをしたかどうかも裏付けられてはいない。

ただし、公家《くげ》の近衛前嗣《このえさきつぐ》の手紙などから、謙信が三尺六寸の太刀、小豆長光《あずきながみつ》を自ら振るって戦ったことは事実だったとみられている。

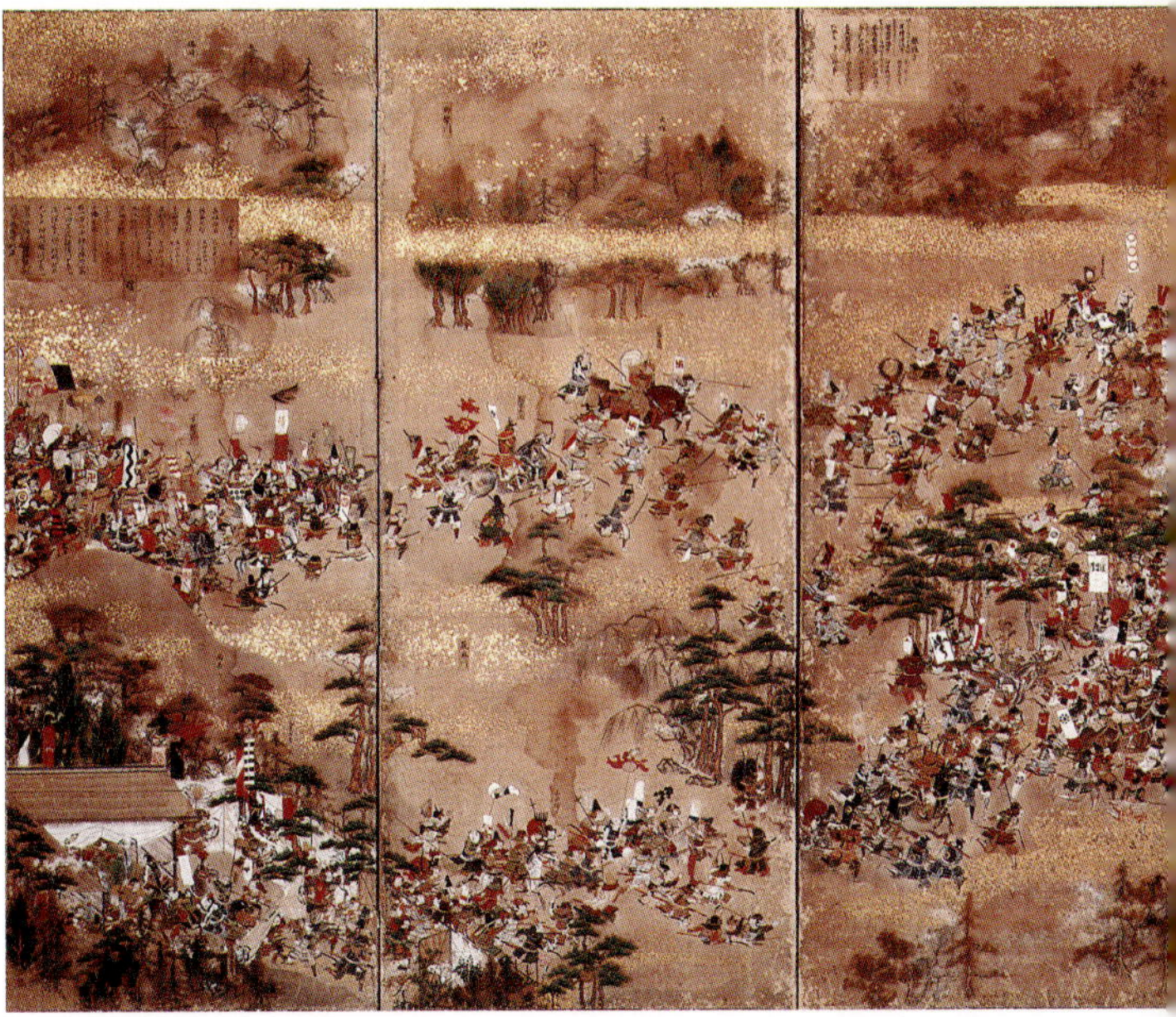

紀州本『川中島合戦図屏風』の左隻。総崩れとなって逃げ惑う武田勢の姿が描かれているが、5度の合戦を通じてそうした事態は起こらなかった。

紀州徳川家に採用された越後流軍学

紀州本『川中島合戦図屏風』には、じつはもうひとつ大きな謎が秘められていた。

紀州本を典拠とした『北越軍記』の編者は、謙信の軍師《ぐんし》・宇佐見定行《うさみさだゆき》の子孫と称した宇佐見定祐《さだすけ》である。謙信の軍師の子孫が上杉方の軍記をまとめる……というのは道理《どうり》といえば道理であるが、この編者が仕えたのは、家康の子で徳川御三家《ごさんけ》のひとつ紀州藩の藩《はん》祖《そ》・徳川頼宣《よりのぶ》であったから話がややこしくなる。

徳川家といえば、家康以来武田家の軍学である甲州流《こうしゅうりゅう》を採用し、奨励している。その家康の息子である頼宣が、甲州流ではなく越後流の軍学者を登用したばかりか、藩の学問として公認していたのである。もちろん紀州徳川家でも甲州流の軍学者を抱えていたが、頼宣はそれとは別に越後流軍学の定祐を登用。しかも甲州流の軍学者を藩士教育に当たらせたのに対し、越後流を紀州徳川家当主の軍法として、藩の軍学に定めるなど重視したのである。

その一環として紀州本の『川中島合戦図屏風』を発注したとみられる。この紀州本は葵《あおい》の紋の鋲《びょう》がついた豪華な調度品《ちょうどひん》だ。家禄《かろく》三〇〇石で採用された定祐が発注したとは考えにくく、発注者は頼宣であったのであろう。

頼宣は幕府の甲州流に対抗するかのように越後流を採用し、わざわざ豪華な屏風絵まで作らせてそれを表明したことになる。その背景には何があったのだろうか。

そこには、徳川幕府と頼宣との微妙な関係が潜《ひそ》んでいたともいわれる。

家康は晩年の子のなかではとくに頼宣に期待を寄せていた。慶長《けいちょう》十四年（一六〇九）には、駿河《するが》・遠江《とおとうみ》・三河《みかわ》五十万石に加増し、自らが居住していた駿府《すんぷ》城主に任じたことからも期待の大きさが察せられよう。

頼宣もその父の期待を大いに感じ入っていたと思われるが、家康の死後、彼の立場は一変する。二代将軍の秀忠《ひでただ》は、元和《げんな》五年（一六一九）、頼宣を紀伊《きい》・伊勢《いせ》五十五万石に移したのだ。頼宣

『甲陽軍鑑』をもとに描かれたミュージアム中仙道所蔵『川中島合戦図屏風』の上杉謙信と武田信玄の一騎討ち。謙信が振り下ろす太刀を、信玄は軍配で受け止めたという。

はこの国替《くにが》えに難色を示したという。五万石の加増であり、要衝《ようしょう》への配置換えであったが、家康晩年の居住地で国政の要《かなめ》であった駿府や兄のいる尾張《おわり》よりも江戸から遠い紀伊への国替えは、明らかな左遷《させん》といえたからだ。頼宣は幕府中枢から体《てい》よく遠ざけられたのである。

これに納得できなかった頼宣が、武田の甲州流に対抗するように、信玄の宿敵である上杉謙信の越後流を採用したともいわれている。いわば越後流軍学を用いて国を強化し、独自性を標榜《ひょうぼう》しようと考えたのだろう。

その過程で定祐を監修として、『北越軍記』にのっとった『川中島合戦図屏風』を製作。紀州徳川家が越後流を軍学とすることを内外に示したのである。紀州本における川中島の合戦は、上杉方優位に描かれている。武田に勝つ上杉という構図は、頼宣の幕府に対する反骨《はんこつ》精神そのものだったともいえる。

織田信長が築いた馬防柵と鉄砲三〇〇〇挺の真実

DATA		
	成立年代	江戸時代前期
	形 式	六曲一隻／紙本著色
	サイズ	縦 165.2㎝×横 350.8㎝
	所 蔵	犬山城白帝文庫

長篠合戦図屏風

見どころ 突撃する武田騎馬隊と、これを迎え撃つ織田鉄砲隊が対照的に描かれる。織田方は馬防柵の内側から射撃したとされるが、屏風では柵の外に並んだ鉄砲隊が騎馬隊を迎撃する描写が見られる。第１扇に描かれる建物は、武田軍の包囲を受けていた長篠城。武田勝頼の姿は第２扇「大」の旗の下に描かれている。

鉄砲対武田騎馬軍団の戦い

長篠《ながしの》・設楽原《したらがはら》の合戦は天正《てんしょう》三年（一五七五）、武田勝頼《たけだかつより》が、織田信長《おだのぶなが》の同盟者である徳川家康の三河に一万五〇〇〇の大軍で攻め込み、織田・徳川連合軍と激突した戦いである。

勝頼は徳川方に奪われた三河の長篠城を攻略すべく包囲した。徳川方としてはこの城を奪われれば、遠江・浜松城《はままつじょう》と三河・岡崎城《おかざきじょう》の連絡が遮断され、重大な危機に陥ってしまう。しかし独力で勝頼を迎え撃っても勝ち目がないと判断した家康は、信長に救援を要請した。

信長はこれに応じ、三万の大軍を率いて出陣。長篠城西方の設楽原に布陣《ふじん》した。信長は家康麾下《きか》の酒井忠次《さかいただつぐ》に命じて、長篠城を囲む鳶ヶ巣砦《とびがすとりで》など、武田方の砦を急襲した。結果、五月二十一日、未明の奇襲によって押し出される形で武田軍が設楽原に布陣する織田・徳川連合軍の前に進出。決戦が始まったのである。

設楽原での合戦は、戦国屈指の実力を誇る武田軍団の騎馬突撃を、織田と徳川の連合軍が、三〇〇〇挺《ちょう》の鉄砲と馬防柵《ばぼうさく》を駆使して、撃破した戦いとして知られている。

当時の鉄砲は、威力はあるものの連射ができず、十分な効果を発揮できない飛び道具とみられていた。しかし信長は、鉄砲を大量かつ効果的に用いる画期的な戦法を発案し、鉄砲の真価を大いに発揮させることに成功する。

酒井忠次による鳶ヶ巣砦攻略の場面。織田軍と長篠城との連絡が回復されたことにより、武田勢の包囲は無力化され、設楽原への進出を余儀なくされた。

それが世に言う「三段撃ち」と呼ばれる戦法だ。

鉄砲を持つ足軽《あしがる》を一〇〇〇人ずつ三列に分け、一〇〇〇挺ごとに横一列に並んで一斉に射撃を行なう。射撃が終わると最後列に回って弾込めを行ない、二列に回ると装填《そうてん》、最前列で発射という三段に分けて次々と入れ替わるのである。

これにより弾込めから発射するまで二五秒程度かかっていた鉄砲の欠点を克服し、連射が可能となった。

武田騎馬軍団は馬防柵めがけて突撃し、柵を突破しようと動きを止めたところへ、間断《かんだん》なく火を噴く織田の鉄砲隊の一斉射撃を受け、その餌食《えじき》になってしまったのである。

三段撃ちは本当に行なわれたのか

しかし、この信長の画期的な鉄砲戦法には、近年否定的な意見が増えてきた。

一つは、信長が用いた鉄砲の数である。三〇〇〇挺ではなく、じつは一〇〇〇挺程度だったのではないかという。それは合戦の一次史料である『信長公記《しんちょうこうき》』の記述が写本によって一〇〇〇挺だったり、三〇〇〇挺だったりとまちまちであることによる。さらに池田家文庫本《いけだけぶんこぼん》に至っては一〇〇〇の上に後から三を書き入れた形跡が見受けられるのだ。加えて三〇〇〇という数字が当時としては途方もなく大量で現実的ではないとも考えられた。

ただし、当時紀州の根来衆《ねごろしゅう》や雑賀衆《さいか》が鉄砲二〇〇〇挺を用意していたという記録もある。少年時代に橋本一巴《はしもといっぱ》を師として、鉄砲術を学ぶなど、早くから鉄砲に注目していた信長が三〇〇〇挺をそろえるのは不可能ではないという説もあり、鉄砲の数についてはいまだ定かではない。

ただし、信長がこの戦いで大量の鉄砲に投入したことは間違いないようだ。

そこで何より疑問を持たれているのが、大量の鉄砲をどう利用したか、つまり「三段撃ち」戦法が実際に行なわれたのかどうかということである。

これについては、信頼に足る一級史料に記載があるわけではないため、さまざまな否定説が出された。まず一〇〇〇人が一列に並び、一斉に弾を発射させることは、設楽原の地形上、難

『長篠合戦図屏風』に描かれた馬防柵。短い柵が切れ切れに構築され、鉄砲隊の姿も柵の外側に描かれている。右側では武田方の将兵がことごとく前のめりに斃れ、一方的な戦況が見て取れる。

しいことが論証されている。また、一〇〇〇人ずつ計三〇〇〇人という大人数が密集地で入れ替わって一斉射撃を行なえば、白煙《はくえん》がたちこめて視界不良になることは間違いない。なかには暴発する銃が出て周囲に損害を及ぼす危険性も高く、現実的でないといわれており、三段撃ちを否定する意見も多い。

ただし、『信長公記』でも、信長方が「鉄砲で散々に打ち立て」とあり、鉄砲の威力により武田方が退《しりぞ》き、また新手で攻めるも同じように鉄砲の射撃に押し戻されるといった光景が繰り返され、最終的に織田軍の鉄砲隊が武田軍を蹴散《けち》らしたことが分かる。

そこで、今では三段撃ちではなく、鉄砲

足軽が三人一組になって役割を分担することで、いつでも射撃できる状態にしていたのではないかといわれている。

馬防柵のほんとうの役割

そうした三段撃ちを巡る諸説を踏まえて、犬山城白帝文庫《いぬやまじょうはくていぶんこ》所蔵の『長篠合戦図屏風』を見てみたい。

中央では柵を背にした織田の鉄砲隊が、突撃してくる武田軍を撃ち倒している。ただし、「一〇〇〇人が三列に並んで間断なく連射する三段撃ち」の様子は見受けられない。

その後ろに見える木の柵が、突進してくる馬を足止めする馬防柵だ。馬防柵で人馬の勢いを弱め、立ち往生《おうじょう》したところを銃撃するためのものであろう。つまり、馬防柵は敵の進入を防ぐと同時に、銃眼《じゅうがん》としての役割を果たしたとみられる。

それならば、本作第四扇のように鉄砲隊の後ろにあるのは腑《ふ》に落ちないのではなかろうか。

しかも、屏風絵の柵をよく見てみると、この馬防柵はとてもではないが役に立つように見えない。柵にはきれいに製材したような丸太が用いられているが、馬防柵は本来人馬の足を払うためにも切り出した時の下枝《したえだ》を残すべきもの。また、柵は幅が短く途切れ途切れになっており、これでは突撃してくる敵の進入を阻止できない。おまけに柵は横一列に並べられているが、引いたり押したりしただけで簡単に倒れてしまいそうだ。

実際の馬防柵は倒されにくくするために、二列から三列をジグザグにならべて横木を通して造るのが一般的だったのである。

このように、屏風中に描かれた馬防柵は耐久性に乏しく、防御性にも劣るといわざるを得ない代物《しろもの》だ。本来であれば、頑丈《がんじょう》なはずの馬防柵が脆弱《ぜいじゃく》な造りとなっているはずであるが、この矛盾は一体何を表わすのか。

時代考証家の名和弓雄《なわゆみお》氏は、この脆弱さがじつは狙いなのではないかと指摘する。すなわち、わざと脆弱に造ることで、敵を銃の前におびき寄せるための囮《おとり》の役割を果たしたというのである。一見すぐに倒れそうに見える馬防柵を侮った武田軍は、まんまと挑発に乗せられたというわけだ。

なお、屏風絵には織田方の防備が馬防柵だけしか描かれていないが、空堀《からぼり》、柵、土居《どい》の三段構えを何重にも構築し、要塞《ようさい》のような鉄砲陣地を築いていたともいわれている。

信長は鉄砲の大量投入による連射という点にのみこだわったわけではない。さまざまな備えを用いて火力を有効に活用したのだ。こうした周到な策が信長の鉄砲革命だったともいえる。

徳川四天王の活躍に覆い隠された「姉川の七本槍」

DATA	
成立年代	1837年
形式	六曲一隻／紙本著色
サイズ	縦93.0㎝×横280.0㎝
所蔵	福井県立歴史博物館

見どころ 戦いの主役は織田勢であったが、屏風では徳川勢が主役となっており、徳川軍を顕彰する目的で描かれたことがわかる。酒井、本多といった徳川譜代の将の活躍が目立つ一方、武功を上げ「姉川の七本槍」と呼ばれた高天神衆の姿は、目立たないように配されている。

姉川合戦図屏風

「欣求浄土」「厭離穢土」の幟旗がはためく徳川本陣。床机に腰掛けた大将・家康の視線の先に写るものとは……。

「姉川の七本槍」の活躍

元亀《げんき》元年（一五七〇）六月二十八日、近江国《おうみのくに》野村《のむら》・三田村郷《みたむらごう》付近の姉川《あねがわ》河原で、織田・徳川連合軍が浅井《あざい》・朝倉《あさくら》連合軍を撃破した。これが姉川の合戦である。

この合戦以前、越前《えちぜん》の朝倉義景《よしかげ》は将軍足利義昭《あしかがよしあき》らと結び、信長を脅かす存在だった。天下取りを目指す信長はこの朝倉氏を攻撃目標に定め、この年の四月、越前へ侵攻して義景の本拠地一乗谷《いちじょうだに》に迫った。ところが突如 妹婿《いもうとむこ》の浅井長政《ながまさ》が離反し、織田勢の背後を突こうとした。これを知った信長は軍を急ぎ返し、辛《から》くも京都へ逃げ帰ったのである。

信長は朝倉・浅井の討伐の決意をかため、家康にも援軍を要請。こうして六月末、姉川を挟んで浅井・朝倉軍と対峙するに至る。

戦いは朝倉対徳川、浅井対織田という形で始まった。

徳川方の戦いでは、当初、数に勝る朝倉氏が優勢だったが、家康の家臣・榊原康政《さかきばらやすまさ》が朝倉勢の腹背《ふくはい》をつく攻撃を仕掛けて切り崩し、形成を逆転。反撃に転じた徳川勢が勝利を収めた。

この戦いで活躍したのが、賤ヶ岳《しずがたけ》の七本槍《しちほんやり》ならぬ「姉川の七本槍」だ。それは遠江高天神《たかてんじん》城《じょう》の城主・小笠原信興《おがさわらのぶおき》率いる「高天神衆」に属する者たちである。そのなかでもとくに伏木《ふしき》久内《くない》、伊達與兵衛《だてよへえ》、中山是非之助《なかやまぜひのすけ》、吉原又兵衛《よしはらまたべえ》、門奈左近右衛門《もんなさこんえもん》、林平六《はやしへいろく》、渡辺金太夫《わたなべきんだゆう》の七人が、「姉川の七本槍」と呼ばれるほどの目覚《めざま》しい働きを見せたという。

『姉川合戦図屏風』を見てみると、左端第六扇の中央に床机《しょうぎ》に座る家康がおり、上方の姉川から川を渡って徳川軍の本陣に迫ろうとする朝倉軍の様子が活写《かっしゃ》されている。

その第一～第三扇上方の姉川付近、馬上で奮戦しているのが七本槍の面々だ。右から伊達、伏木、中山、吉原、門奈、林、渡辺と描かれ、とくに朱の雨傘に金の短冊《たんざく》の指物《さしもの》が目立つ渡辺は、この合戦の後、信長から「天下第一の槍」、つまり日本一の勇士とたたえられ、感状《かんじょう》と貞宗《さだむね》の脇差《わきざし》を与えられたという。家康も渡辺、伊達、中山の三人に感状を与え、その働きを評価していたことが伝えられている。

徳川家が自慢した姉川の合戦

ところが、今となっては「七本槍」と聞いたとき、「賤ヶ岳の七本槍」を知っていても、それに先んじた「姉川の七本槍」のことを知る人は少ない。この屏風絵全体を見ても、本来であれば見せ場となるはずの七本槍の活躍が隅《すみ》に追いやられ、代わりに中央には榊原康政、本多忠勝《ほんだただかつ》ら徳川譜代《ふだい》の武将が勇躍する姿が描かれている。たしかに彼らも活躍はしただろうが、やはり目立つ働きをしたのは七本槍なのだ。なぜ、姉川の七本槍は冷遇《れいぐう》されたのだろうか。

存在を消された姉川の七本槍であるが、本多忠勝ら家康の直臣が躍動する背景で、獅子奮迅の活躍を見せている。

その謎を解く鍵はこの屏風絵自体に秘められているといっても過言ではない。

この屏風絵を俯瞰《ふかん》すると、『姉川合戦図屏風』といいながら、徳川軍と朝倉軍の戦いのみが描かれ、織田軍が一切登場していないという不可解な事実に気づく。もともと徳川軍は援軍として参加した戦いのはずである。にもかかわらず徳川軍のみが取り上げられているのは、この屏風絵が徳川家の活躍を伝え、喧伝《けんでん》するために制作された作品だからである。つまり、この屏風絵の構図には、徳川家の意図が強く介在《かいざい》しているのである。

実際、徳川家は、江戸時代に姉川での徳川勢の活躍を喧伝しており、戦い自体も庶民にまで広く知られていた。しかも「姉川合戦」という呼称も、徳川家のみが使用していたものなのだ。織田家と

『姉川合戦図屏風』に描かれた姉川の七本槍

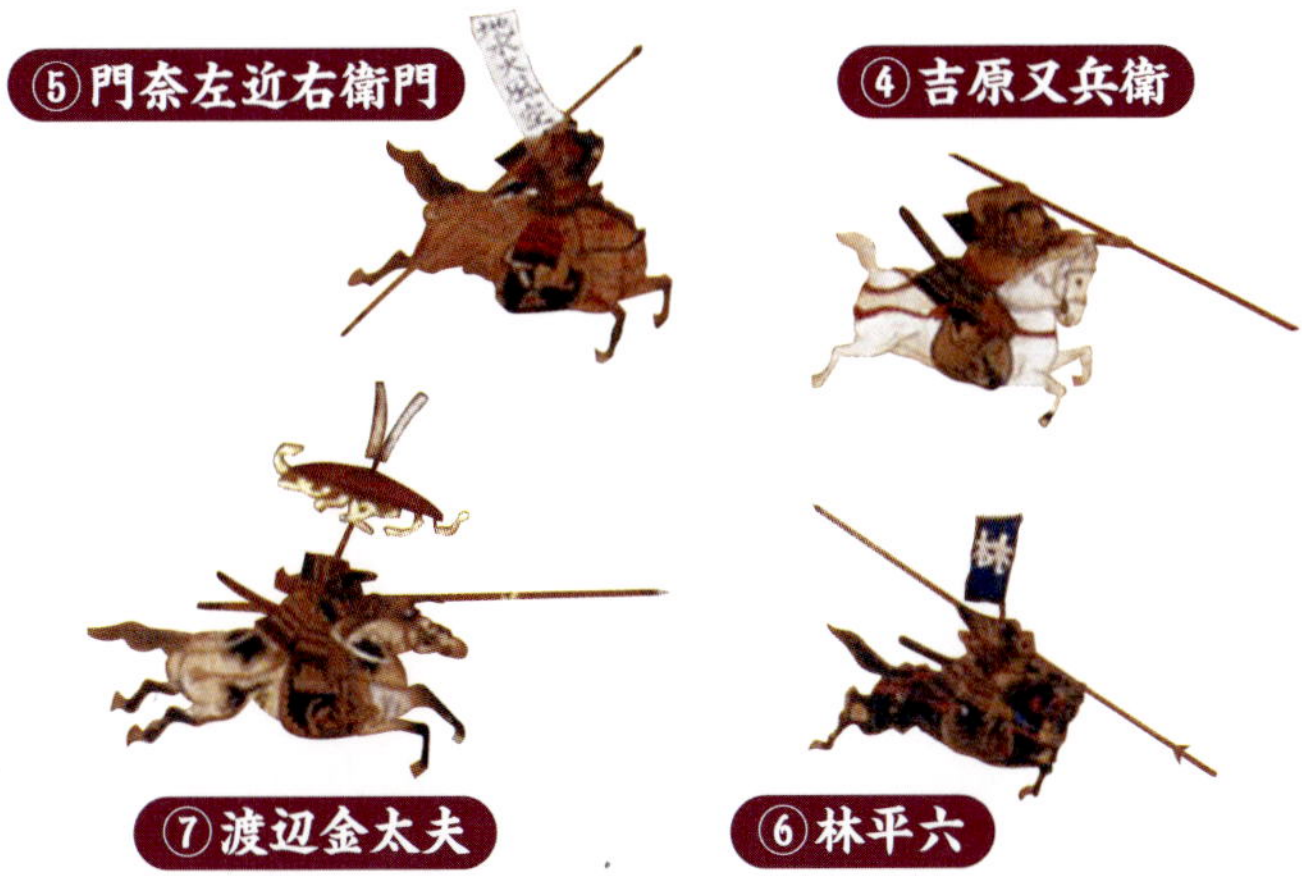

浅井家は、それぞれ「野村《のむら》合戦」、朝倉家は「三田《みた》村《むら》合戦」と呼んでいたとされる。

このように姉川合戦の喧伝を徳川家が主導したのであれば、七本槍が隅に追いやられたのも徳川家の意図であったことが考えられる。実際、江戸時代に著わされた姉川の合戦の本にもほとんど七本槍は登場しない。

まるで徳川家から抹消《まっしょう》されたかのような七本槍。その背景には、この七人がのちにたどった運命が関わっていたのである。

七本槍の裏切りとその後

姉川合戦では徳川軍として戦った七人だったが、じつはこの後徳川家と袂《たもと》を分かっている。それは高天神城の攻防戦の時のことであった。

小笠原氏の高天神城は徳川氏の支城のひとつだったが、武田領である駿河との国境近に位置する要衝にあったため、たびたび徳川と武田の間で争奪戦が繰り広げられていた。

そうしたなかで姉川の合戦から四年後の天正《てんしょう》二年（一五七四）五月、信玄の息子勝頼が総力をあげて高天神城攻めを敢行《かんこう》。二万以上の大軍で城を囲んだ。城主小笠原氏はただちに家康に援軍を要請したが、家康は単独での救援は不可能と判断し、信長に援軍の派遣を依頼した。

ところが信長はこの時、越前の一向一揆《いっこういっき》との戦いの最中《さなか》にあり、すぐに援軍を派遣することができず、ようやく援軍が岐阜《ぎふ》を発ったのは六月十四日になってからのことだった。結局援軍は間に合わず、小笠原氏は一か月の籠城《ろうじょう》の末、十七日に降伏してしまうのである。

この開城の際、高天神衆は、武田に従うか、徳川に従うか各人の意思で決めたという。前者を「東退組」、後者を「西退組」と呼んだが、もともと徳川家の譜代でない彼らは家康の援軍が来なかったことに失望したのだろう。大半は東退組だったようである。そして七本槍は門奈以外、主君とともに武田氏に降《くだ》った。

このように、姉川の七本槍のほとんどが、家康を裏切り武田側に従ったのである。徳川家が姉川の合戦を喧伝する際、裏切り者の七本槍の活躍にあまり触れなかったのは当然だろう。

さらに、七人の存在がかき消されたのは、その後彼らが歴史の表舞台にほとんど登場しない

「姉川の七本槍」それぞれのその後

伊達與兵衛	武田氏滅亡後、北条氏に仕官。北条氏滅亡後は結城秀康に仕えて足軽大将となったともいわれる。
吉原又兵衛	武田家に仕えて足軽大将になったとされるが、その後の消息は不明。
林平六	天正7年（1579）、上野膳城攻めにて戦死。
中山是非之助	武田家にて足軽大将を務めたのち、北条氏に滅亡まで仕えた。
伏木久内	武田家に仕えて足軽大将になったとされるが、その後の消息は不明。
門奈左近右衛門	越前松平家や、3代将軍・家光の弟・駿河大納言忠長に仕えたとされる。
渡辺金太夫	天正10年(1582)、織田信長による武田攻めの際、仁科盛信の守る高遠城にて戦死。

ことも一因といえる。

天下第一の槍とまで言われた渡辺は武田氏滅亡の後、勝頼の弟の仁科盛信《にしなもりのぶ》に従って高遠城《たかとおじょう》を守り、落城の日、最後まで奮戦して死んだと伝えられる。しかし、林がその数年前に戦死し、残りの四人も武田滅亡後は足取り不明な者、小田原北条氏《おだわらほうじょうし》に仕えた者などが知られる程度だ。七人のうち唯一、徳川に従った門奈は、その後、七〇〇石取りで越前松平《まつだいら》家、駿河大納言忠長《するがだいなごんただなが》（秀忠の子）に仕えたとされるが、めぼしい業績はない。ただ慶長《けいちょう》十六年（一六一一）に病没とあり、唯一天寿《てんじゅ》をまっとうできたことが分かる程度だ。

今となっては七人の活躍は歴史に埋もれ、屏風絵にその足跡をわずかに残すのみである。

異なる「賤ヶ岳の七本槍」の名が記された二つの屏風

第３扇にて槍を交える柴田軍と羽柴軍の武将。その上には両軍の七本槍として、計14人の名が記される。

賤ヶ岳合戦図屏風

見どころ 岐阜市歴史博物館所蔵の『賤ヶ岳合戦図屏風』は、景観の描写に力点が置かれた作例である。賤ヶ岳の合戦で有名な「七本槍」の姿は、この屏風右隻に通説とされる加藤清正ら7人の名前とともに描き込まれている。

DATA	
成立年代	江戸時代中期
形 式	六曲一双／紙本著色
サイズ	各隻縦 121.7㎝×横 264.8㎝
所 蔵	岐阜市歴史博物館

天下の後継争い、秀吉対勝家

織田信長が本能寺《ほんのうじ》の変で非業《ひごう》の死を遂げた翌年の天正十一年（一五八三）、信長の事実上の後継を巡って織田家の重臣だった、羽柴秀吉《はしばひでよし》と柴田勝家《しばたかついえ》の勢力争いが武力衝突へと発展する。

織田家の後継者に幼い嫡孫《ちゃくそん》の三法師《さんぼうし》を担ぎ出し、その後見人《こうけんにん》の座に収まった秀吉に対し、筆頭家老《ひっとうがろう》の柴田勝家が、信長の三男・信孝《のぶたか》、伊勢の滝川一益《たきがわかずます》らと結んで挙兵したのである。秀吉が伊勢に進攻すると、三月、勝家も軍勢を率いて近江に進出し、琵琶湖《びわこ》の北岸、賤ヶ岳《しずがたけ》に布陣した。こうして羽柴軍と柴田軍が長い睨《にら》み合いを続けることになったのである。

四月十七日、秀吉は一度降伏していた岐阜の信孝が再挙兵したとの報を受けて、急遽美濃《きゅうきょみの》方面に出陣した。大将が自ら陣を空にしたのである。すると、その隙を狙って柴田軍が攻勢に移り、賤ヶ岳の戦機が大きく動いた。

二十日午前一時、柴田軍の佐久間盛政《さくまもりまさ》は、果敢な突撃で秀吉の手勢が守る砦を突き崩し、勢いに乗じて敵中深く入り込んでいった。

ところが、ここで秀吉が離れ業《わざ》を見せる。一万五〇〇〇の大軍を率いて、大垣《おおがき》から賤ヶ岳までの五二キロを五時間ほどで駆け戻ったのである。同日未明、本来いるはずのない大軍を見て狼狽《ろうばい》する佐久間盛政隊に対し、秀吉は突撃の号令を下した。こうして賤ヶ岳の合戦は最終局面

七本槍の違いと感状授受者

のちに討死した人物

大阪城天守閣版「七本槍」	岐阜市歴史博物館版「七本槍」	感状授受者
加藤虎之助（清正）	福島市松（正則）	福島市松（正則）
加藤孫六（嘉明）	加藤虎之助（清正）	加藤虎之助（清正）
片桐助作（且元）	加藤孫六（嘉明）	加藤孫六（嘉明）
糟屋助右衛門（武則）	片桐助作（且元）	片桐助作（且元）
脇坂甚内（安治）	糟屋助右衛門（武則）	糟屋助右衛門（武則）
平野権平（長泰）	脇坂甚内（安治）	脇坂甚内（安治）
桜井佐吉	平野権平（長泰）	平野権平（長泰）
		桜井佐吉
		石河平助

賤ヶ岳の合戦後、感状を受けた者は9人存在する。また、『賤ヶ岳合戦図屏風』においても大阪城天守閣所蔵の作品と、岐阜市歴史博物館所蔵の作品とでは七本槍の名に違いが見られる。

へと移る。

固定していない七本槍のメンバー

二十一日午前二時、秀吉は退却を始めた佐久間隊に対する追撃を命じる。これを受けて秀吉の旗本部隊が切り込んでいった。このなかで獅《し》子《し》奮迅《ふんじん》の働きを見せて、柴田軍を散々に打ち破ったのが「賤ヶ岳の七本槍」と呼ばれた秀吉子《こ》飼《が》いの将である。一般に福島正則《ふくしままさのり》、加藤清正《かとうきよまさ》、片桐且元《かたぎりかつもと》、脇坂安治《わきさかやすはる》、糟屋武則《かすやたけのり》、加藤嘉明《かとうよしあき》、平《ひら》野《の》長泰《ながやす》の七人が知られる。とくに加藤清正は、敵方の山路将監《やまじしょうげん》と崖《がけ》を転がり落ちながら取っ組み合いを演じ、討ち取った武勇談がよく語られるが、この話は虚構であるとされる。本当のところ、山路は足を踏み外して谷へ落ち、そこを

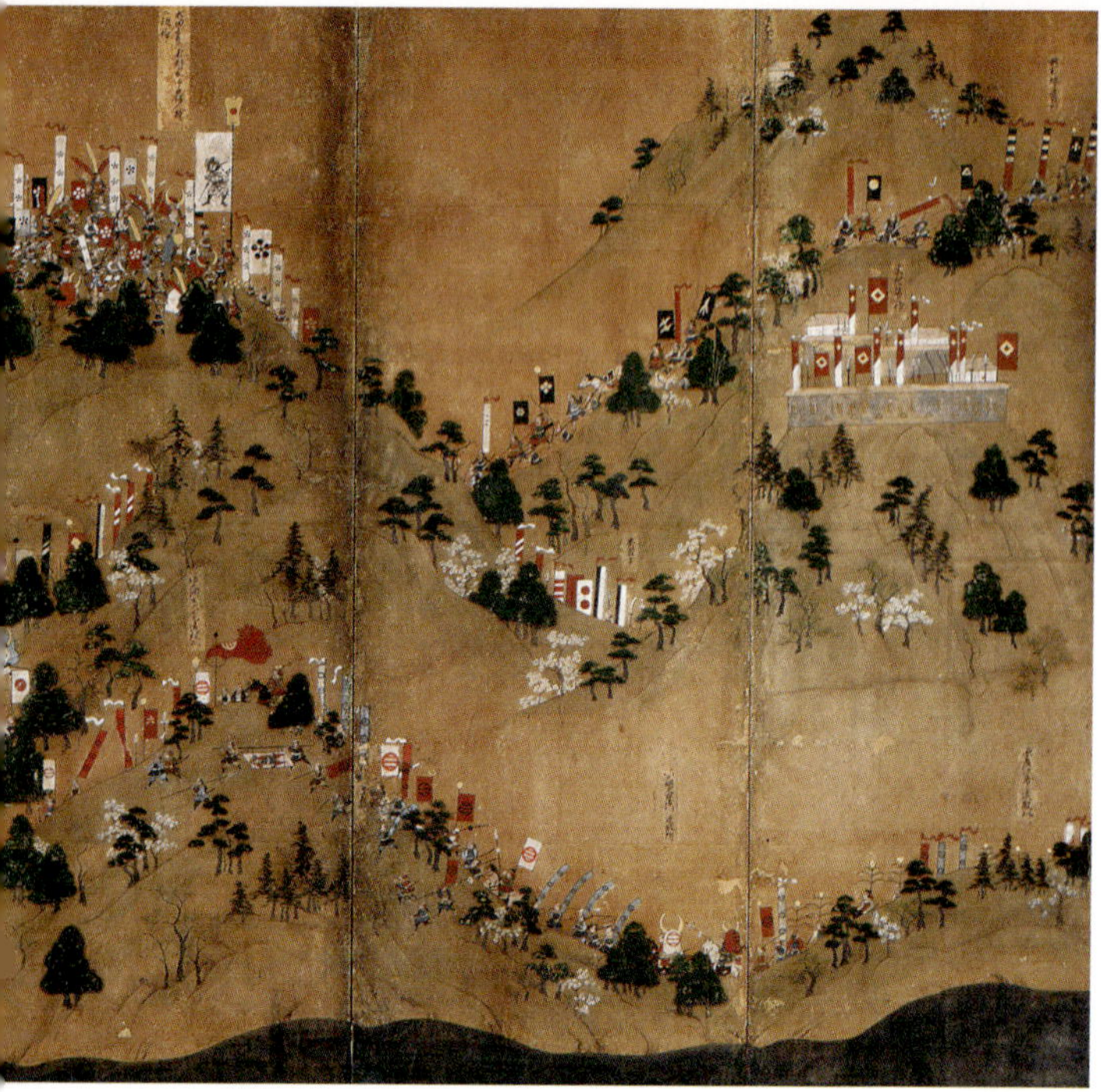

大塩《おおしお》という者に討ち取られたのだという。

いずれにしろ、活躍した七人は秀吉から激賞され、後世《こうせい》七本槍と呼ばれるようになる。そのメンバーは、岐阜市歴史博物館所蔵の屏風絵にも名が記載されている。たしかに右隻の第三扇に福島正則、加藤清正、片桐且元、脇坂安治、糟屋武則、加藤嘉明、平野長泰の名が見える。

ところが大阪城天守閣本《てんしゅかくぼん》では、福島正則の名前はない。代わりに桜井《さくらい》佐吉《さきち》の名が記されている。この屏風絵の福島正則は、七本槍の面々と少し離れた場面で一番首《いちばんくび》をとって秀吉

柴田勢撤退の場面を描く岐阜本『賤ヶ岳合戦図屏風』左隻。柴田勝家本隊は第2扇に一列になって撤退する様が描かれ、第3扇上部の山上に柴田軍崩壊のきっかけを作った前田勢が描かれる。第5扇に勝家本隊の馬印が描かれるが、これは勝家の身代わりを引き受けた毛受勝介の部隊である。

の下へ走り出している。活躍しているが、七本槍には数えられていないのだ。

　このように、賤ヶ岳の合戦屈指の名場面である七本槍の名前が、屏風絵によって一致しないのである。

　この混乱は、典拠《てんきょ》の違いによるものとされる。岐阜本が『賤ヶ岳合戦記』、大阪城天守閣本が『川角太閤記《かわすみたいこうき》』をそれぞれもとに描かれたものとされている。

　ただし、これ以外にも、『続明良洪範《ぞくめいりょうこうはん》』には次のような話がある。

福島正則は七本槍に入っていなかったが、本来のメンバーであった石河平助《いしこへいすけ》がのちに戦死して六本槍になったので、秀吉が「六本槍とは聞こえが悪いので、七本槍にできないか」と言った。すると福島正則が推薦されたので、彼を加えて七本槍にしたという。この説に従うと、本来七本槍には福島正則でも桜井佐吉でもなく、石河平助が入っていたことになる。

このように七本槍のメンバーは史料によってまちまちなのだが、さらにいうと、この合戦では、大阪城天守閣本の七人に福島正則と石河平助（戦死）のふたりを加えた九人が、一番槍の感状とそれぞれ三〇〇〇石以上の恩賞《おんしょう》をもらったことが記録に残されている。つまり、本来は福島、桜井、石河が加わった、九本槍とも呼ぶべきものだったと考えられる。その九本槍を無理やり七本槍に絞ったためメンバーが異なるという混乱が生じたのだろう。

九本槍から七本槍に絞った理由とは

なぜ、そこまでして七人に絞ったのだろうか。

それはこの戦いから数十年前のことにさかのぼる。織田信長の父信秀《のぶひで》が、今川義元《いまがわよしもと》と三河の小豆坂《あずきざか》で戦ったとき、織田方の七人が活躍し、小豆坂の七本槍と称されたことがあった。この呼称にちなんで戦死した石河と桜井を除いて七人に絞り、七本槍にしたといわれている。

そして、秀吉が七人のなかに推薦により福島を入れたのは、福島が活躍したのはもちろんだが、秀吉の身内で子飼《こが》いだったため、身びいきも大いにあったと推測される。

事実、加藤清正と福島正則が秀吉の近臣《きんしん》として出世を遂げたことに伴い、この七本槍もまたその活躍を広く知られることになったのである。また、石河と桜井は陪臣《ばいしん》であったことや、石河に続いて桜井も早く死んだとされ、その後の活躍が伝わらず歴史に埋もれてしまったともいわれている。

いずれにしろ、『賤ヶ岳合戦図屏風』はどれも七本槍という呼称が大いに広まった時代に製作されたものと考えられる。というのも岐阜本の屏風絵をもう一度見てほしい。なんと柴田側にも七本槍が記されている。それは先ほどの山路将監を加えた浅井吉兵衛《あざいきちべえ》・小原新七《おばらしんしち》・拝郷家嘉《はいごういえよし》・水野助三《みずのすけざ》・安彦弥五衛門《やすひこやごえもん》・宿屋七左衛門《やどやしちざえもん》の七人である。どうやら屏風絵において七本槍を創るブームがあったようだ。

同じように七本槍が記された秀吉と柴田勝家だが、この後、勝家は秀吉に本拠北庄城《きたのしょうじょう》を攻められ、自害《じがい》した。そして名実ともに織田家ナンバーワンに躍り出た秀吉が、この後、天下統一への道を邁進《まいしん》していくことは歴史に知られるところである。

成瀬家本にのみ姿を残す若武者の正体

第１扇にて白馬にまたがる若武者がひときわ目を引く。じつは同武将の姿はもう１箇所屏風中に描かれている。

長久手合戦図屏風

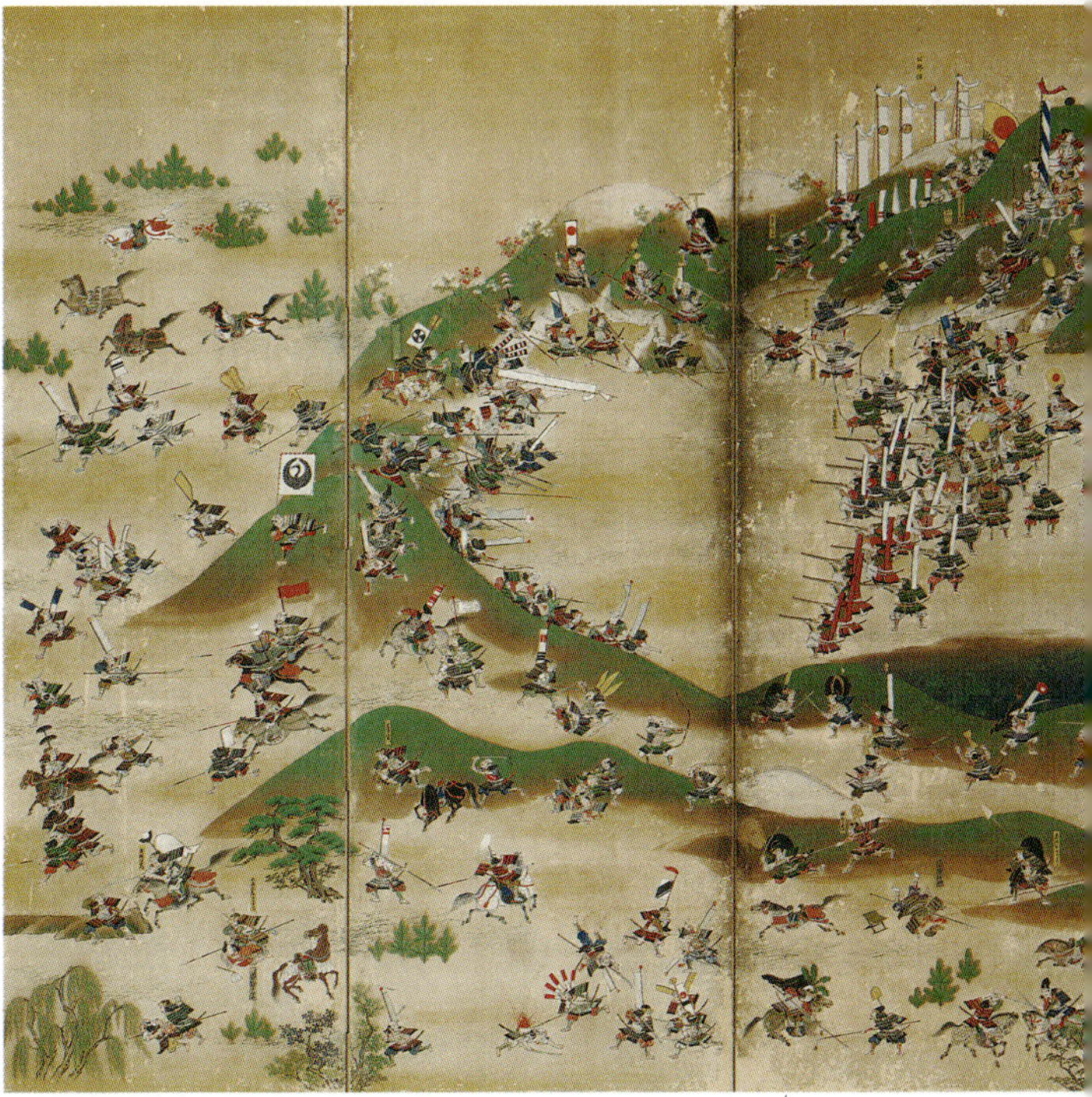

見どころ 長久手における徳川軍勝利の場面を描いた屏風で、随所に討ち取られる豊臣方の将兵が描かれる。また、２箇所にわたり、徳川方・成瀬正成の活躍が描かれているが、同テーマの別作品には見られない。

DATA	
成立年代	江戸時代前期
形式	六曲一隻／紙本著色
サイズ	各隻縦 165.2㎝×横 350.8㎝
所蔵	犬山城白帝文庫

活躍する若武者

天正十二年（一五八四）、織田信長の死後、織田家をまとめ上げ、着々と勢力を拡大する羽柴秀吉の前に立ちはだかったのが、信長の同盟者であった徳川家康である。

家康は信長の次男で、秀吉に不満を募らせていた織田信雄《のぶかつ》や、四国の長宗我部元親《ちょうそかべもとちか》らと手を組み、秀吉との対決姿勢を鮮明にする。こうして小牧《こまき》・長久手《ながくて》の合戦が始まった。

家康側は、三月十七日、秀吉方についた森長可《もりながよし》や池田恒興《いけだつねおき》などを尾張国羽黒《おわりのくにはぐろ》の合戦で蹴散《けち》らしたが、深追いはせず、同国小牧山一帯に布陣した。これを知った秀吉も小牧山から二キロの地点まで本陣を進めてきた。

しかし、秀吉方は兵力の上では優位に立っていたものの、敵地深く入り込んでいる事情もあり、思い切った作戦行動に出られない。

一方、家康方も地の利はあるものの、兵力で劣るため下手に動けない。こうして両軍は相手を牽制するかのごとく睨み合い、膠着《こうちゃく》状態に陥った。

しびれをきらした秀吉は、森長可と池田恒興の進言《しんげん》を取り入れ、甥《おい》の秀次《ひでつぐ》を大将に、家康の本拠、三河をつく作戦に出る。四月七日のことである。しかし、秀吉の意図を察した家康は、榊原康政《さかきばらやすまさ》の一隊を先行させると、自分も八日の夜に陣を出て挟撃することにした。

九日、徳川勢は長久手にて休息中の秀次軍を捕捉《ほそく》。これを襲撃して、羽柴方の森長可、池田恒興両将を討ち、秀次を敗走させたのである。

ただし、この合戦はあくまで局地戦に過ぎず、その後の戦いは再び膠着状態となる。その間に秀吉は、信雄を懐柔《かいじゅう》して和睦《わぼく》を結び、家康の大義名分《たいぎめいぶん》を奪うと、家康とも講和して戦いを終わらせてしまった。

結果的には秀吉外交の勝利に終わったものの、家康の戦巧者《いくさこうしゃ》ぶりが光った戦いであることに疑いの余地はない。この長久手の合戦を描いた『長久手合戦図屏風』は、現在、十本近く残されており、なかでも祖本《そほん》とされるのが、犬山城白帝文庫《いぬやまじょうはくていぶんこ》所蔵の成瀬家本《なるせけぼん》である。この屏風には、森長可が鉄砲に眉間《みけん》を撃たれて落馬する場面や、恒興が戦死する壮絶な場面が描かれている。

また、この屏風絵には圧勝した徳川軍のなかにあって、ふたりの人物が二か所に登場している。ひとりは徳川方の先鋒《せんぽう》として活躍した井伊直政《いいなおまさ》である。彼は、この時初めて赤備《あかぞな》えを率いて奮戦したとされる。

注目したいのはもうひとりの人物である。その人物は第一扇で白馬にまたがり、戦場を颯爽《さっそう》と進んでいるかと思えば、第三扇下方で敵将を組み敷き、首をかき切ろうとしている。まさに大活躍である。ではこの若武者の正体は誰か。

それは、尾張藩の御附家老《おつけがろう》を代々務めた成瀬家の初代で、当時弱冠《じゃっかん》十七歳だった成瀬正成《まさしげ》である。

家康の小姓《こしょう》として従った正成は、この時が初陣《ういじん》であった。彼が名だたる武将を押さえて二か所に描かれているのは、成瀬家が注文した作品だからと考えられている。

消された正成の謎

『長久手合戦図屏風』には、ほかにもこの成瀬家本を祖本とする十八世紀の大阪城天守閣本、同じく十九世紀の徳川家本などがあるが、おかしなことに、ほとんど同じ構図ながら、なぜか成瀬正成の姿だけが見当たらない。なぜ、転写《てんしゃ》する際に正成の姿だけが抹消されてしまったのか。

一説によると、成瀬家に含むところがあってわざと描かなかったともいわれる。しかし、成瀬家本以外のほとんどの屏風絵に正成の姿が描かれていないことから考えると、逆にもともと正成の姿はなかったのではないかとも考えられる。つまり、成瀬家本より古い祖本があり、屏風はそれらを転写したもので、成瀬家本のみその上に正成の姿を新たに描き加えたのではないかというわけだ。

屏風中に描かれた成瀬正成と盟友たち

成瀬正成の活躍

乱戦のなかで敵兵の首を取る正成。このあとさらにもうひとりを討ち取ったという。（第３扇下部）

白馬にまたがり、颯爽とした姿で戦場へ赴く成瀬正成。小牧・長久手の合戦が初陣となった彼は、この時17歳であった。（第１扇中部）

盟友達の活躍

池田恒興の嫡男・元助を討ち取る安藤直次。彼は成瀬正成の盟友であった。

池田恒興隊の将を討つ水野勝成。のちに彼は福山10万石の大名へと出世する。

三河入りの将・池田恒興を討ち取る長田伝八郎（永井直勝）。伝八郎は、恒興が床机に座っているところを襲撃し、討ち取ったという。

成瀬家本『長久手合戦図屏風』には、成瀬正成をはじめ、彼の盟友や徳川家の陪臣となった家祖の大活躍が描かれている。

成瀬家の野望を託した屏風絵

なぜ、成瀬家がそのような改竄《かいざん》をしたのかと言うと、じつは屏風が製作された十七世紀後半、成瀬家ではとくに祖先である正成の活躍を誇示《こじ》しなければならない理由があったのだ。

成瀬家は放浪の末、三河に定着し古くから徳川家の前身である松平《まつだいら》家に仕えた生粋《きっすい》の譜代である。正成自身は家康の小姓《こしょう》として出発し、やがて家康の厚い信頼を受ける側近となった。主の天下統一を支え、徳川幕府の中枢で重要な役割を果たした人物である。

家康は信頼すればこそ正成を自らの九男、尾張藩主義直《よしなお》（徳川御三家）の御附家老とした。尾張藩を正成の手腕で盛り立ててもらいたいという思いがあったと考えられる。正成はその思いに見事に応え、尾張藩政《はんせい》の基礎を固めるに至った。

しかし正成ののち、成瀬家は尾張藩の御附家老という立場が定着した。つまり徳川将軍家の直臣《じきしん》が分家に送りこまれて陪臣となり、そのまま直臣に戻ることができなかったのだ。

こうして、成瀬家は三万五〇〇〇石という大名級の禄高《ろくだか》をもらいながら、独立した大名ではなく尾張藩の家老の地位に甘んじる境遇になった。尾張家では、それなりに特別扱いされているが、将軍から見れば、あくまで陪臣である。江戸城では待機場所も与えられないし、幕府の公的な役職にもつくこともできない。譜代の家柄でありながら、幕府中枢での出世の道を閉ざ

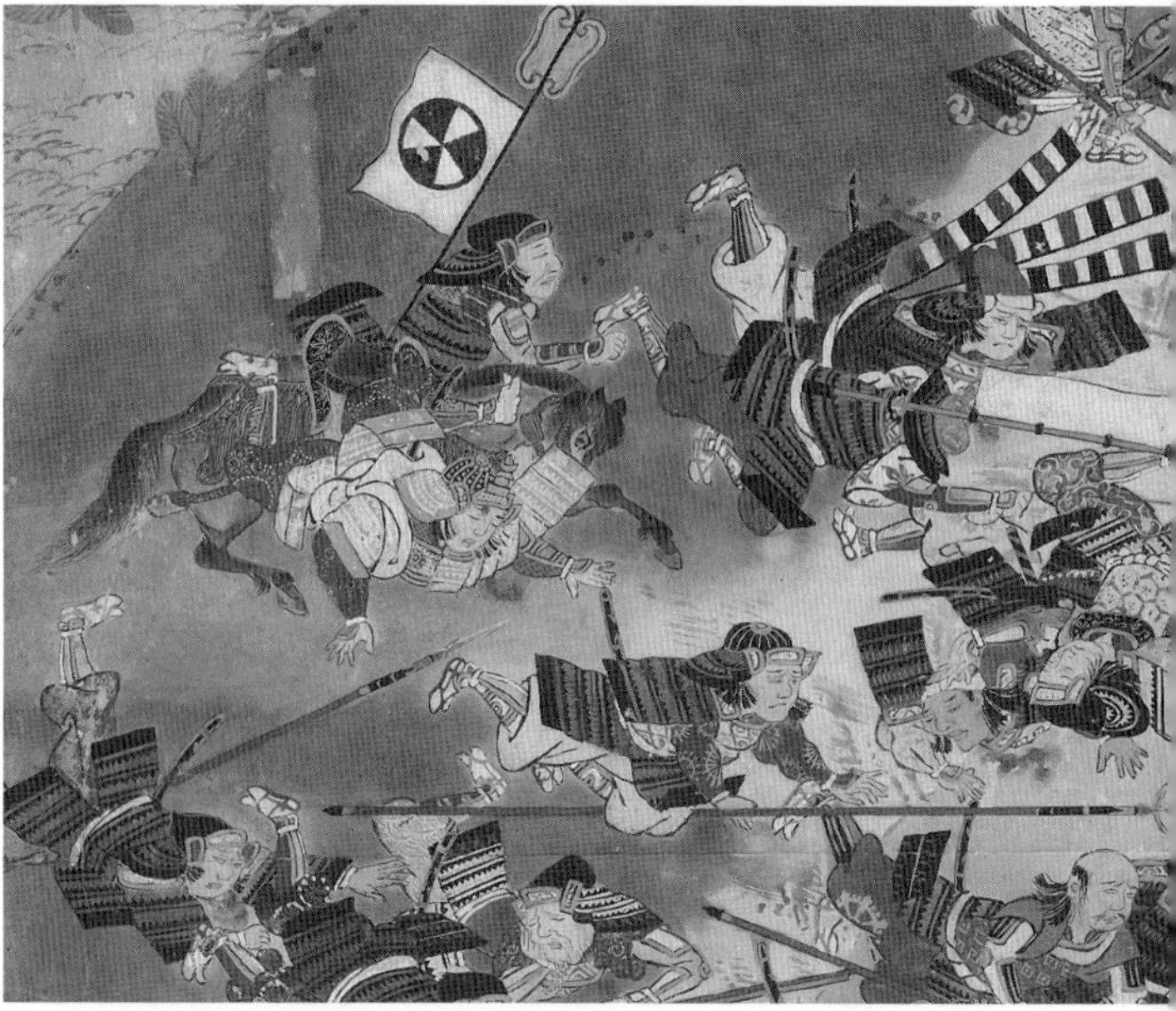

眉間を討ちぬかれ落馬する森長可。長可を討ち、森隊を壊滅に追い込んだのも、のちに紀州徳川家の家臣、いわゆる陪臣となった水野正重の部隊であった。

されてしまったのである。

この家格が確立した十七世紀半ば以降、ほかの譜代大名たちが老中《ろうじゅう》など幕《ばっ》閣《かく》で活躍するのを見るにつけ、成瀬家としては忸怩《じくじ》たる思いが強くなったに違いない。

そこで屏風絵に初代正成の活躍を強調して描くことで、成瀬家の勲功《くんこう》がほかの譜代大名に劣るものではないことを示そうとしたのだろう。

そうした成瀬家の鬱屈《うっくつ》した想いは、十九世紀、尾張徳川家からの独立運動という形で爆発することになる。その時に、この屏風はどのような役割を果たしたのであろうか。

村上水軍を味方にし大軍を撃破した毛利元就

DATA	
成立年代	江戸時代末期
形 式	錦絵六枚続
所 蔵	宮島歴史民俗資料館

大内晴賢厳嶋出張図

見どころ 弘治元年（1555）に起こった厳島の合戦を描いた、6枚綴りの錦絵『大内晴賢厳嶋出張図』右側3枚。厳島神社の姿が見え、社殿内には多くの武者がひしめいている。

背水の陣で臨む雌雄決戦

中国地方の覇者毛利元就《もうりもとなり》は、もともとは広島県安芸高田市《あきたかたし》の吉田郡山城主《よしだこおりやまじょうしゅ》の一国人《こくじん》にしかすぎなかった。そのため中国の大内氏《おおうちし》に従っていたが、当主の大内義隆《よしたか》が天文《てんぶん》二十年（一五五一）、家臣の陶晴賢《すえはるかた》の謀反《むほん》に遭い、自害《じがい》するという事件が起きる。この後、主家を乗っ取った晴賢に元就も臣従《しんじゅう》を求められるが、元就はこれを拒んで陶氏との決別を決意した。

こうして陶氏と毛利氏は安芸・周防《すおう》・長門《ながと》の覇権を賭けた決戦に及ぶ。とはいえこの時、陶方の兵力は二万、対する毛利方は四〇〇〇であり、まともに戦っても元就に勝ち目はない。負ければ滅亡という危機的状況のなか、元就が考え出したのは、晴賢の大軍を孤島で平野部の少ない厳島《いつくしま》（宮島《みやじま》）に誘導し、ここで奇襲をかけて壊滅させる作戦であった。

問題は晴賢をどうやって島に誘い込むかだ。そこで元就は得意の謀略を次々に仕掛けていく。まず島に囮《おとり》の城となる宮ノ尾城《みやのおじょう》を築いた。陶氏にとって厳島は安芸支配の拠点のひとつであり、水軍の重要な基地である。元就はこれを奪って晴賢を刺激したうえで、間者《かんじゃ》を放ち「城が完成していない今、厳島を攻められたらひとたまりもない。失敗だった」と元就が後悔しているという噂《うわさ》を流させた。さらに、元就は重臣の桂元澄《かつらもとずみ》に、「今、晴賢が厳島を攻めれば、自分は元就の背後を突く」と晴賢に偽りの書状を書かせ、だめ押しをした。

『大内晴賢厳嶋出張図』において、陶方の兵が逃げ込んできた描写が描かれる厳島神社。

こうして元就は、晴賢を厳島での戦に駆り立てる罠《わな》を二重、三重と仕掛けたのである。

この作戦に晴賢はまんまとひっかかった。厳島での合戦に勝機を見出した晴賢は、弘治《こうじ》元年（一五五五）九月、二万の大軍を率いて厳島に渡ったのだ。そして宮ノ尾城への攻撃を始めた。

この陶軍の動きに元就は大いに喜んだが、もうひとつ元就は手を打っていた。海からの攻撃を可能にするため、瀬戸内海の制海権《せいかいけん》を握る村上《むらかみ》水軍《すいぐん》に協力を要請したのである。

毛利元就の陸と海からの奇襲作戦

九月三十日夜半、元就らはひそかに暴風を突いて厳島に上陸すると、山を回って陶軍の背後に回りこむ。また、小早川隆景《たかかげ》率いる一軍も上陸して宮ノ尾城の味方と合流。陶勢の正面へ移動した。

日付が変わった十月一日の早暁《そうぎょう》、毛利軍は鬨《とき》の声《こえ》をあげて、二方面から陶軍に襲い掛かる。不意を突かれた陶軍は狭い島で身動きが取れず総崩れとなった。多くの兵が海岸へ逃げ出したが、その先の海上では毛利方についた村上水軍が待ち受けていた。

錦絵《にしきえ》『大内晴賢厳嶋出張図』の左側三枚を見ると、厳島神社の陶軍を毛利軍が海上から追い立てていることが分かる。島での戦いが始まるより早く陶方の水軍に接近した村上水軍が、陶方の船の碇綱《いかりづな》をことごとく切って焙烙玉《ほうろくだま》を投げ込み火災を起こさせると、敵船に武者が乗り移り、陶兵を海へ突き落とし、片っ端から船を沈めてしまっていたのである。
村上水軍の働きにより、島内の陶軍は逃げ場を失って全滅し、晴賢も最後は島で自刃《じじん》した。
元就は圧倒的に不利とみられた決戦を制したのである。毛利方の勝利の要因は、元就の数々の謀略が奏功《そうこう》したこともさることながら、やはり村上水軍の力が大きかった。

『大内晴賢厳嶋出張図』の左側三枚部分。兵を満載した毛利方の船が、陶軍がひしめく厳島神社に押し寄せている。

じつは村上水軍が味方してくれるかどうかは、元就にとっても大きな賭けだったという。というのも、陶方も村上水軍に協力を要請していたからである。ただし、実際にところは村上水軍が陶方の要請に応じる可能性は低かった。というのも、当時の水軍は制海権を握り、海の通航料を徴収することで収入を得ていたのだが、晴賢こそ村上氏からこの海上特権を奪った張本人だったからである。晴賢は海の支配を強めようとしたのだろうが、それが仇となり最後に自分の首をしめてしまったのである。

一方、この戦いで劇的勝利を上げた元就は、ここから中国地方の覇者への階段を駆け上っていくことになる。

第二章

合戦図屏風でわかる戦国武将の戦術

緻密に描かれた武田軍の陣立ての全貌

DATA	
成立年代	江戸時代前期
形 式	八曲一双／紙本著色
サイズ	各隻縦 154.2㎝×横 548.4㎝
所 蔵	岩国美術館

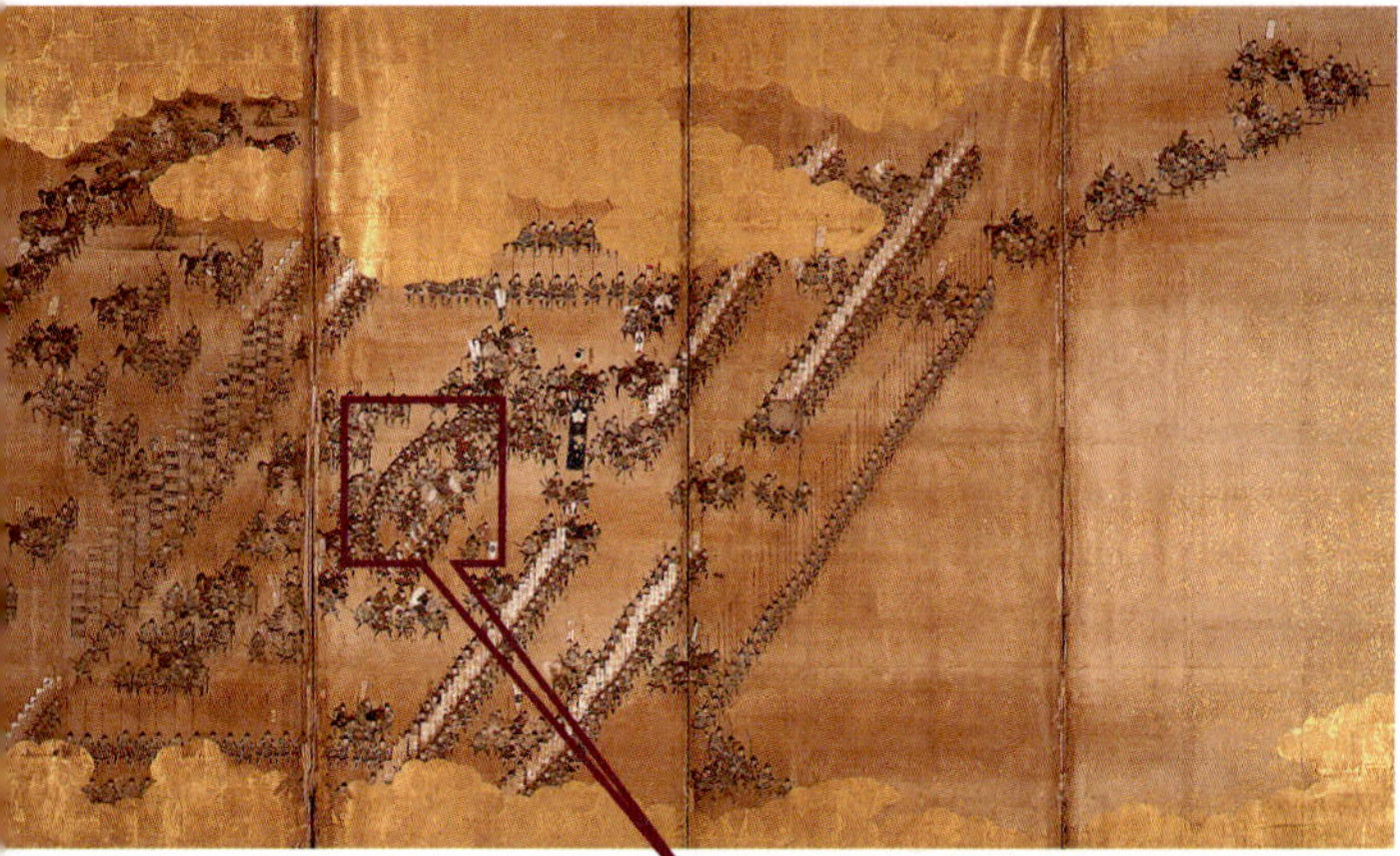

拡大

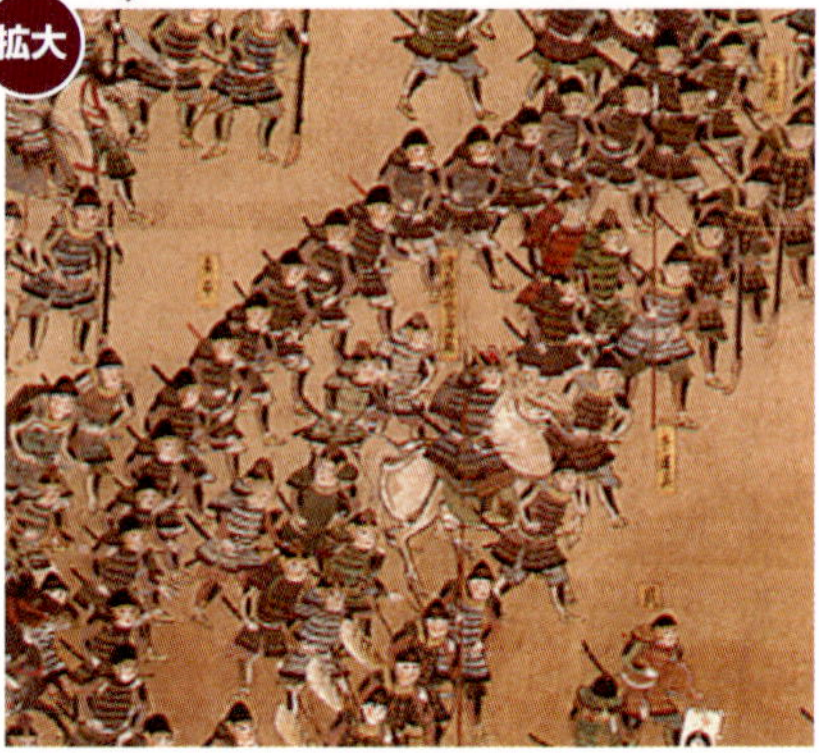

「山県三郎兵衛」とあり、山県昌景であることがわかる。陣立てを描くこの右隻において、人物が特定できるのは、大将の武田信玄と、この山県のみである。

川中島合戦図屛風

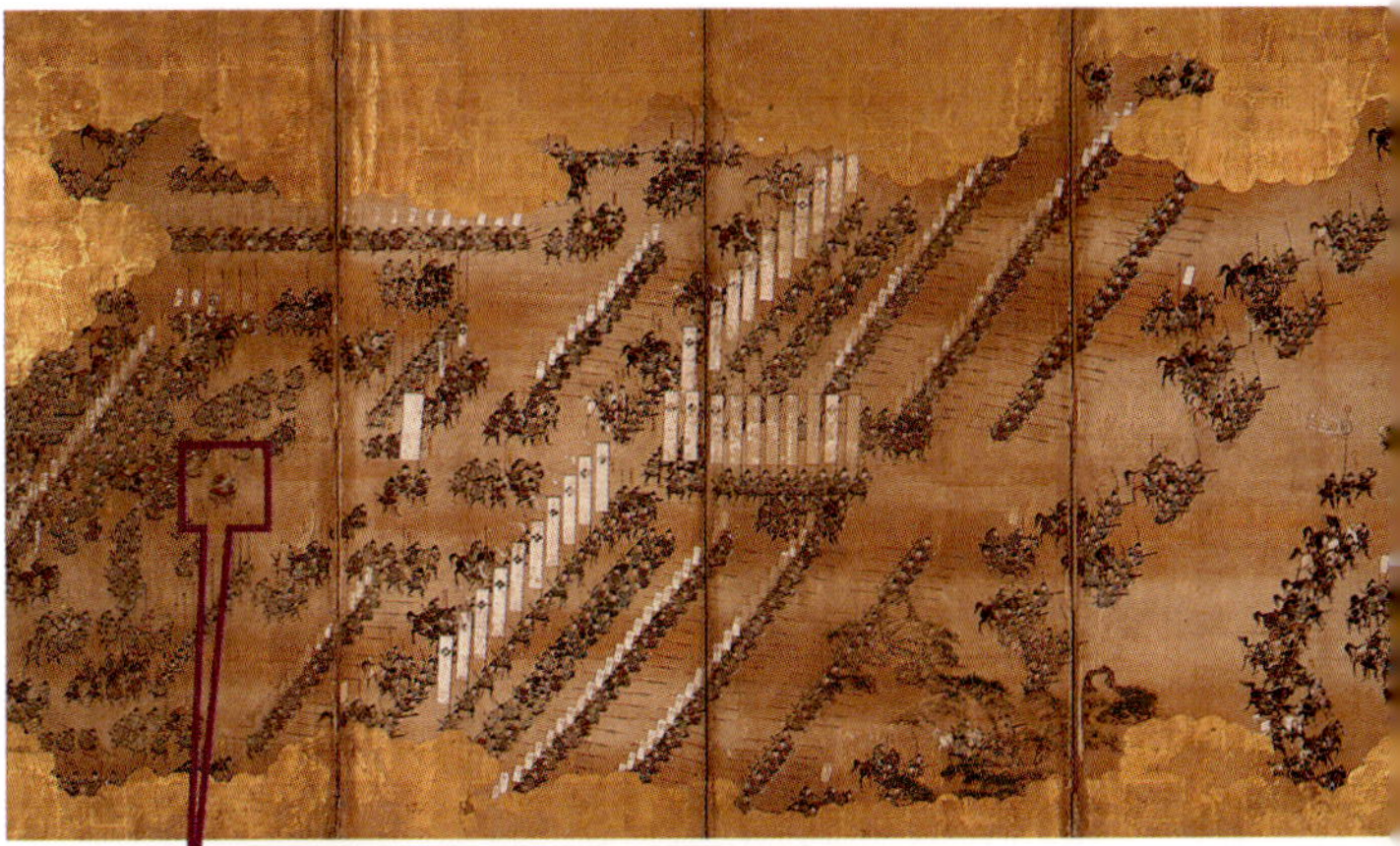

見どころ 川中島の決戦に臨む武田軍の陣立てが描かれている右隻。

拡大

武田軍の陣立て奥深くにあって床机に腰掛ける大将・武田信玄。

武田軍のキツツキ戦法と鶴翼の陣

岩国《いわくに》美術館所蔵の『川中島合戦図屏風《かわなかじまかっせんずびょうぶ》』は、上杉謙信《うえすぎけんしん》と武田信玄《たけだしんげん》が戦った五回の川中島の合戦のなかでも、最大の激戦となった、永禄《えいろく》四年（一五六一）八月から九月にかけて行なわれた第四回の戦いを描いている。

この合戦に参加した武士の監修のもと、狩野派《かのうは》の絵師《えし》が描いた作品といわれ、成立は江戸時代前期と推定されている。

八曲一双《はっきょくいっそう》の構成で、右隻《うせき》に上杉軍を待ち受ける武田本軍の陣立てを再現し、左隻《させき》にその後の武田軍と上杉軍の激突を描いている。豪華かつ繊細な仕上げで、美術的にも高く評価されている屏風である。

川中島の合戦については三十四頁の紀州本『川中島合戦図屏風』の項でも解説したが、こちらでは、岩国本『川中島合戦図屏風』より、川中島の合戦を戦術の面から分析していく。

『甲陽軍鑑《こうようぐんかん》』によると、この戦いでは当初謙信が妻女山《さいじょざん》、信玄が茶臼山《ちゃうすやま》に布陣《ふじん》したが、両軍対《たい》峙《じ》したまま睨《にら》み合いが続き、八月二十九日、信玄が海津城《かいづじょう》に移動した。両軍の直線距離は約四キロ。緊迫した対陣が続いたが、次第に両軍とも兵糧《ひょうろう》が乏しくなり、厭戦《えんせん》の空気が漂い始める。

先に動いたのは信玄である。信玄は軍師《ぐんし》の山本勘助《やまもとかんすけ》の献策《けんさく》を取り入れ、「キツツキ戦法」を

戦国の八陣

▶偃月(えんげつ)の陣

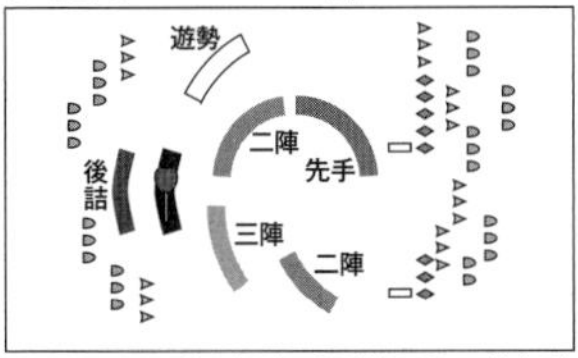

弓張りの月のような形に部隊を配し、敵を引き込む陣形。

▶方円(ほうえん)の陣

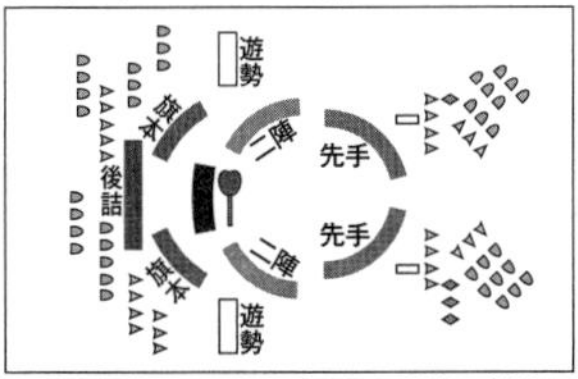

部隊を丸く配置し全方位からの攻撃に対応した陣形。

▶長蛇(ちょうだ)の陣

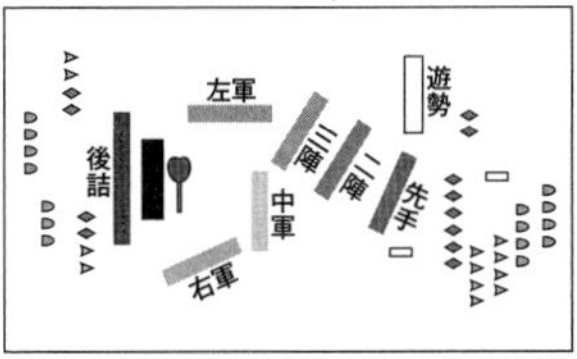

蛇のように縦に長い陣形で狭隘な地形で採用される。

▶雁行(がんこう)の陣

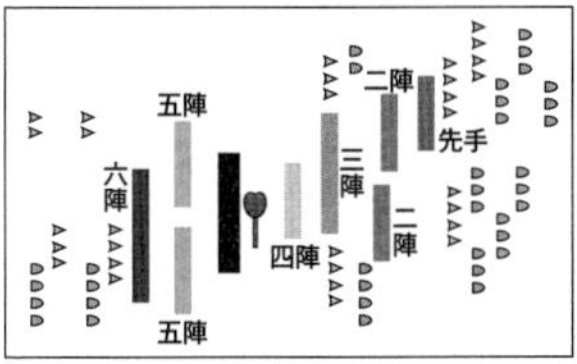

部隊を斜め並行に配置した懐の深い防御の陣。

▶鶴翼(かくよく)の陣

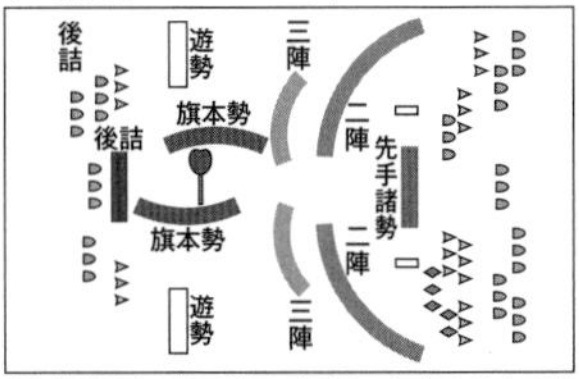

鶴が翼を広げたように左右に広く展開する陣形。

▶魚鱗(ぎょりん)の陣

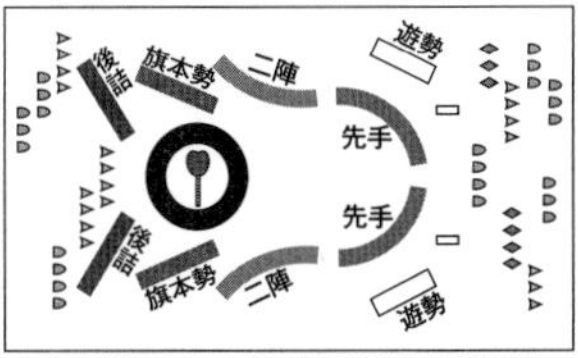

中央を敵に向かって張り出させた縦隊陣形。

▶鋒矢(ほうし)の陣

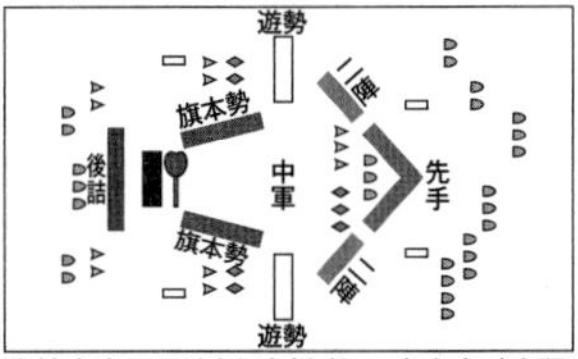

先端中央の張り出しを鋭くし、中央突破を狙う陣形。

▶衡軛(こうやく)の陣

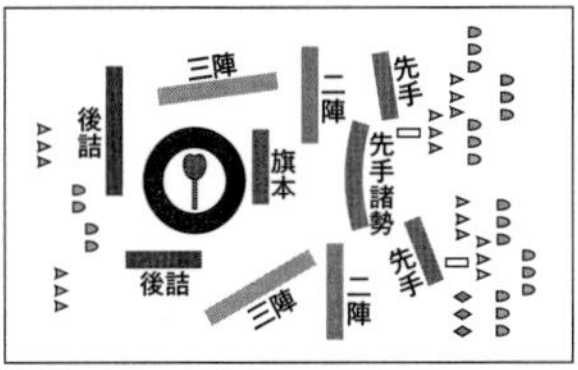

各部隊が機動力を発揮する陣形。

合戦に臨む戦国武将は、地形や気候、兵力などを考慮して陣形を選択した。その際の陣形は古代中国で考案された八陣を基本とした。

採用することにした。

これはキツツキが反対側よりくちばしで叩いて虫が驚いて出てきたところを捕える狩りの方法を模《も》したもの。つまり武田の別働隊《べつどうたい》が妻女山の上杉本陣を奇襲し、上杉軍が川中島の八幡原《はちまんばら》へ出てきたところを、本隊が待ち受けて挟撃《きょうげき》する作戦である。

こうして敗走してくるであろう上杉軍を待ち受ける武田軍の陣立てを描いたのが右隻である。陣立てとは合戦に際して槍隊や鉄砲隊などをどのように並べるかといった配置のことをいう。中国三国《さんごく》時代の軍師・諸葛孔明《しょかつこうめい》が考案したという八《はち》陣《じん》と呼ばれる陣形に基づいて配置が行なわれた。

永禄四年の戦いで、武田軍は「四頭八尾鶴翼《しとうはちびかくよく》の陣」を敷いたといわれる。「鶴翼の陣」も八陣のうちのひとつで、いわゆる味方が大勢の時に用いる待ち受けの態勢である。整然とした隊列が印象的だ。

八幡原での激闘を描く左隻。『甲陽軍鑑』に基づく一騎打ちが第6扇に見える。

『川中島合戦図屏風』を見ても分かるように、突進してくる敵を包み込み、あわせて中央で迎撃《げいげき》して包囲殲滅《せんめつ》するもので、鶴《つる》が羽を広げたように横に広い陣形が特徴である。何重にも横に広い陣形を取り、鶴の頭の部分、つまり後方、八扇《せん》中央に大将である信玄が床机に腰を下ろしているのが見える。

大将以外に人物が特定できるのは三扇に描かれた、白い馬に乗る重臣の山県昌景《やまがたまさかげ》のみ（八十二頁）。武田二十四将など人物像を際立たせることなく、整然とした隊列を重視し、武田軍の自信と気迫が伝わってくる。

裏をかかれた武田軍

ところが、実際の戦いではこの後、思わぬ展開が待ち受けていた。狼煙《のろし》が上がったのを見ていち早く「キツツキ戦法」を察知した謙信が、深夜、大軍を引き連れて妻女山を下りたのである。

妻女山を下った謙信は、開戦を前に車懸《くるまが》かりの陣を敷いたという。これは本陣を中心に同心円状に各陣を配置した陣形である。車のまわる車輪のごとく敵陣と戦い、先隊が戦えば後隊がこれにとって代わり、常に入れ替わり新手の部隊が敵と戦う。最後に本陣同士が戦う総力戦である。

ただし、一説には退却するときの捨て身の陣形であるともいわれている。

武田軍の陣立てが描かれた右隻に対し、左隻にはその後の激戦の様子が描かれている。

別働隊が妻女山の上杉軍を襲ったとき、すでに上杉軍は作戦を察して山を下りており、もぬけの殻《から》だった。一方、八幡原には敗走してくるはずの上杉軍が、陣形を見事に整えて武田軍の目の前に出現した。朝の霧が晴れたとき、驚いたのは上杉軍ではなく武田軍本陣だった。

武田軍は二万で、一万の上杉軍を総数でこそ上回るものの、別働隊一万二〇〇〇が不在の分だけ、戦力が少なく不利になる。そうした状況下で両軍総力戦ともいえる戦いが始まった。

左隻にはその激戦の様子が活写されている。馬上での組打ち、激しい首取り戦などが行なわれて、不意打ちを食らいながらも信玄を守ろうと奮戦する武田軍が描かれている。

一方、第二扇には黒字に白の六連銭《ろくれんせん》などが見え、真田幸隆《さなだゆきたか》隊ら武田軍別働隊がもぬけの殻となった妻女山から慌《あわ》てて下ってくる姿が見える。この別働隊の到着により劣勢だった武田軍は何とか盛り返していくことになる。

このように左隻は武田軍の統制のとれた整然とした陣形が描かれ、勝利を確信して敵を待ち受ける武田軍の自信と気迫を伝えているのに対し、右隻では一転、武田軍が策破れて敵味方入り乱れる激闘へと追い込まれた狼狽《ろうばい》ぶりを表現している。

しかし結局、圧倒的優位に立ったはずの上杉軍も武田軍を追い込むことできなかった。武田方は信玄の弟の武田信繁《のぶしげ》や、軍師の山本勘助を含む一万七〇〇〇もの死傷者を出したが、上杉方も九〇〇〇人以上の死傷者を出したのである。

もうひとつ、この第四回の川中島合戦の陣立てを描いた屛風絵として、富山県個人所蔵の『武田信玄配陣図屛風』も興味深い。

岩国本が江戸前期の軍学の影響を受けた布陣となっているのと異なり、こちらは現実の部隊編成を克明に描いている点が特色である。

徴発《ちょうはつ》された農民も意識したためか、岩国本より隊列は整然としていない。各部隊には非武装の介添《かいぞ》えが記され、本陣後方には鋤《すき》・鍬《くわ》を抱えた工兵隊《こうへいたい》が従っている。実際、戦場に堀や土塁を築くために工兵隊も欠かせない要員であることを伝えている。

島津軍の戦術「釣り野伏せ」炸裂の瞬間

DATA	
成立年代	江戸時代前期
形 式	八曲一隻／紙本著色
サイズ	各隻縦 158.2㎝×横 466.8㎝
所 蔵	承天閣美術館

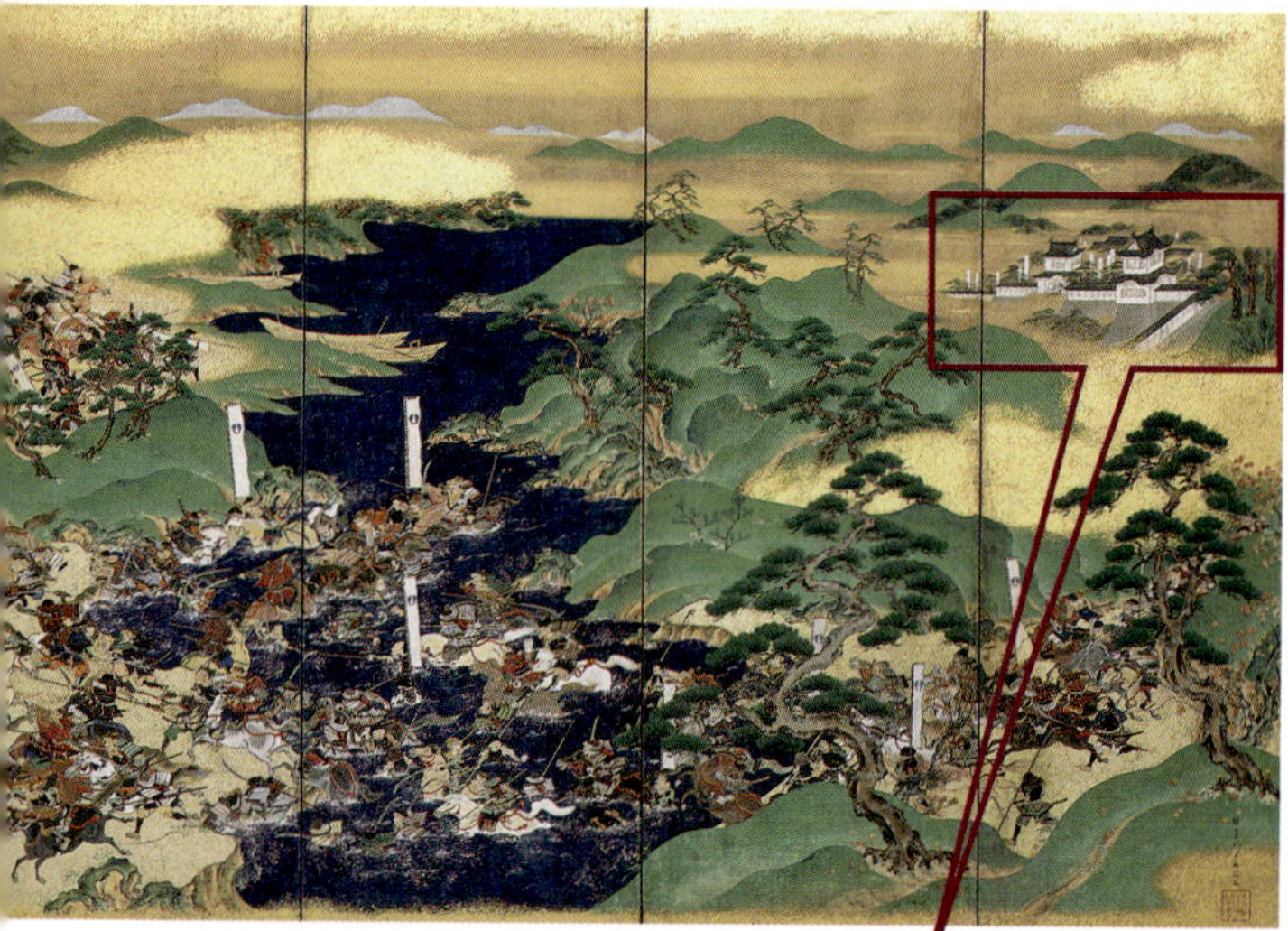

拡大

島津家久、山田有信が籠っていた高城。

耳川合戦図屏風

見どころ 八曲一隻の『耳川合戦図屏風』。右に敗れた大友勢、左に勝者となった島津勢が配置される。大友勢の高城川の渡河を契機に島津勢が４方向から大友勢に襲い掛かった。この結果、随所で大友勢が打ち破られる姿が色鮮やかに描かれている。

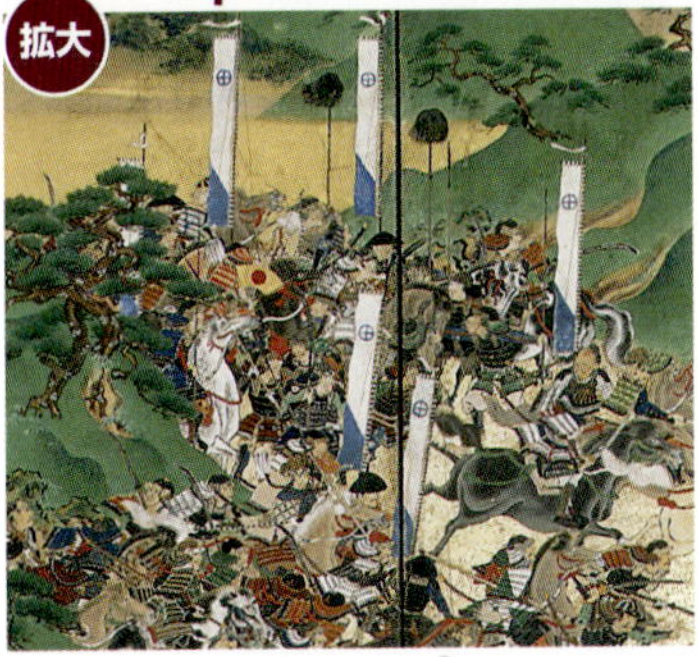

丸に十字の幟旗に囲まれたなかに、日の丸の扇を持つ大将が見える。これが島津義弘とされる。

島津家の躍進を決定付けた九州の関ヶ原

豊前《ぶぜん》・豊後《ぶんご》など六箇《か》国を統べる北九州の覇者・大友宗麟《おおともそうりん》と、薩摩《さつま》・大隅《おおすみ》の領主となった島津《しまづ》義久《よしひさ》が、日向国《ひゅうがのくに》の領有をかけて戦ったのが、天正《てんしょう》六年（一五七八）十一月十二日の耳川《みみかわ》（高《たか》城《じょう》川《がわ》）の合戦である。

この合戦以降、九州において優勢を占めていた大友氏と、成長著しい島津氏の勢力が逆転したことから「九州の関ヶ原《せきがはら》」とも呼ばれている。

戦いは、大友宗麟が島津氏の攻撃を受けた日向国の領主伊東義祐《いとうよしすけ》の救援要請を受けたことから始まった。

鎌倉初期から薩摩地方を本拠とする名門武家である島津勢は、もともと勇猛《ゆうもう》な家風で知られた上、島津義久、義弘《よしひろ》、歳久《としひさ》、家久《いえひさ》の四兄弟はいずれも優れた名将とされた。義弘は勇猛果敢《かかん》で、下のふたりの弟たちは軍略に精通していると評され、こうした兄弟を義久がまとめあげ、結束は比類《ひるい》なきものだった。

その島津氏が、大友家の勢力と島津との境にあたる日向国を領有すれば、大友氏にとって脅威となる。宗麟としては、この機会に島津氏の力を削《そ》ぎ、あわよくば今のうちに島津氏を滅ぼして九州南部を支配下に収めようと考えたのだろう。四万の大軍を島津方の拠点高城の攻撃に

耳川の合戦と島津軍の戦術「釣り野伏せ」

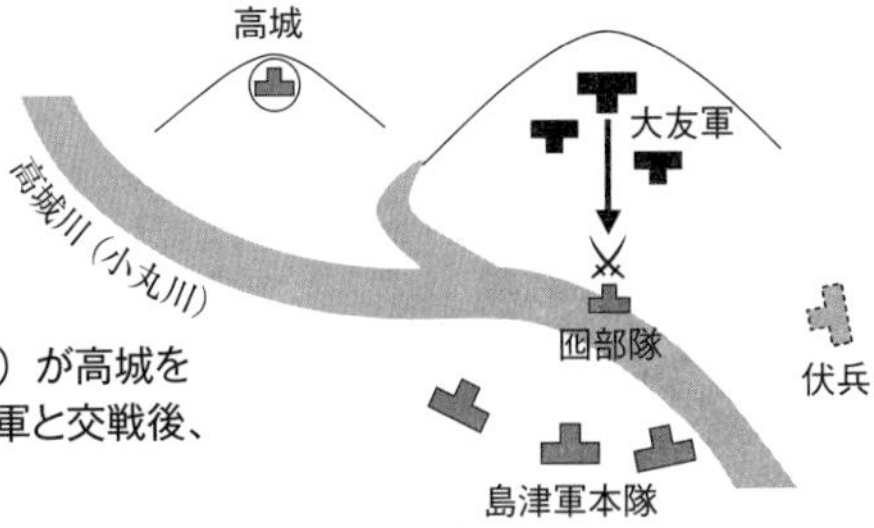

一、
先手（囮部隊）が高城を包囲する大友軍と交戦後、退却する。

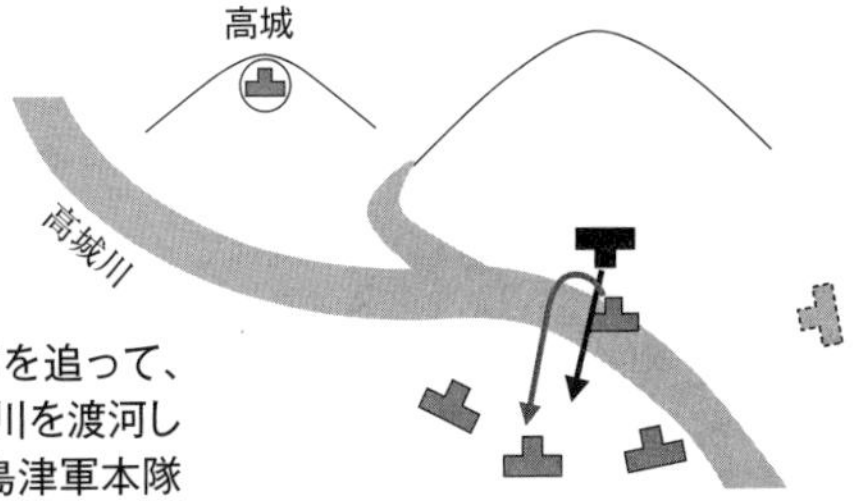

二、
囮部隊の退却を追って、大友軍が高城川を渡河したところで、島津軍本隊が行く手を阻む。

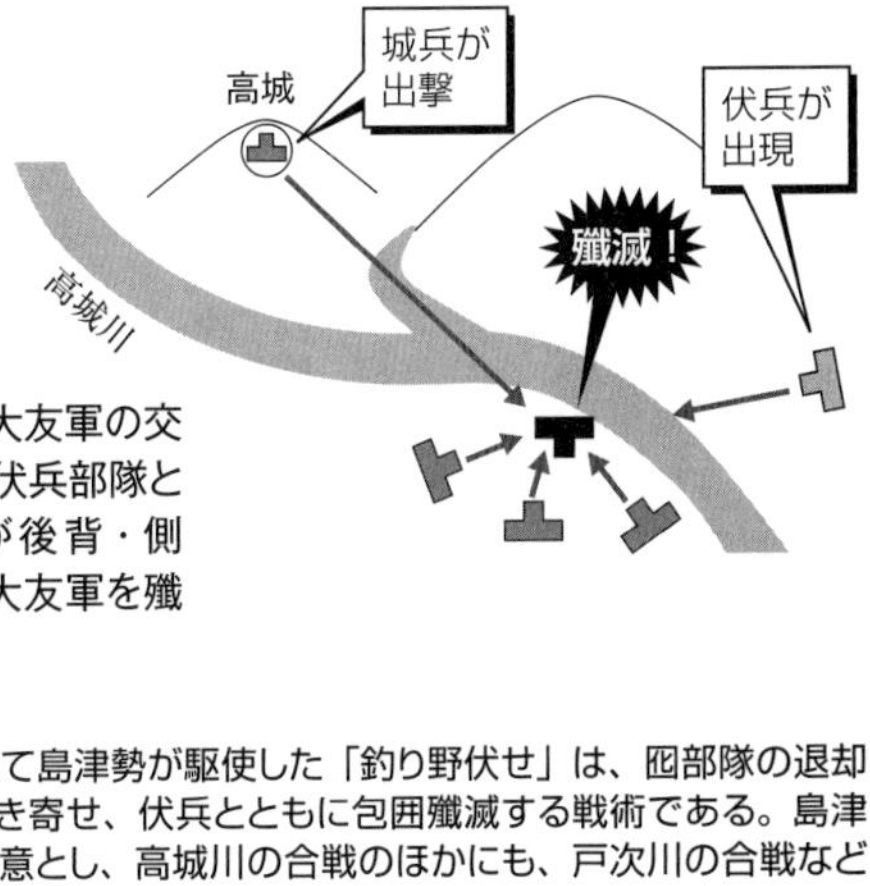

三、
島津軍本隊と大友軍の交戦中、背後の伏兵部隊と高城の城兵が後背・側面を攻撃し、大友軍を殲滅した。

耳川の合戦において島津勢が駆使した「釣り野伏せ」は、囮部隊の退却によって敵をおびき寄せ、伏兵とともに包囲殲滅する戦術である。島津氏はこの戦術を得意とし、高城川の合戦のほかにも、戸次川の合戦などで用いている。

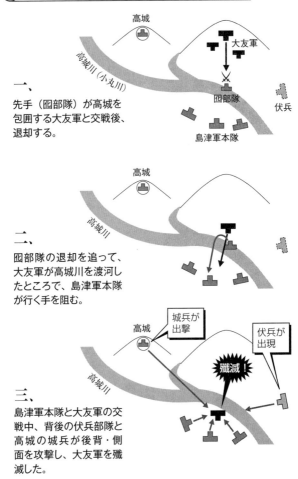

向かわせた。

一方、島津方も高城救援の兵を進め、小丸川《こまるがわ》（高城川）を挟んで大友軍と対峙する。

その両軍の決戦を描いたのが、江戸時代前期に制作されたとみられる八曲一隻の『耳川合戦図屛風』である。

屛風絵では小丸川を挟んで激突する両軍の戦いが描かれ、右に大友軍、左に島津軍を配し、右端上に島津方の拠点高城《たかじょう》が描かれる。

まずは第一扇から第四扇にかけてを見てほしい。大友方の兵が続々と川を渡り、島津軍がそれを迎え撃ち、第四扇下方や第七〜第八扇上方ではすでに熾烈《しれつ》な白兵戦《はくへいせん》が展開されている。八扇上部、丸に十字の幟旗《のぼりばた》に囲まれるなかで、金の日の丸の軍扇《ぐんせん》を掲げて鼓舞《こぶ》する武将が島津義弘だろう。

島津の得意戦法「釣り野伏せ」

この戦いは島津方の圧勝に終わる。このとき勝敗を決定づけたのが、島津の得意戦法として知られた「釣《つ》り野伏《のぶ》せ」である。

「釣り野伏せ」とは一体どのようなものか。屛風の第三扇を見ると、一斉に渡河《とか》する大友勢が

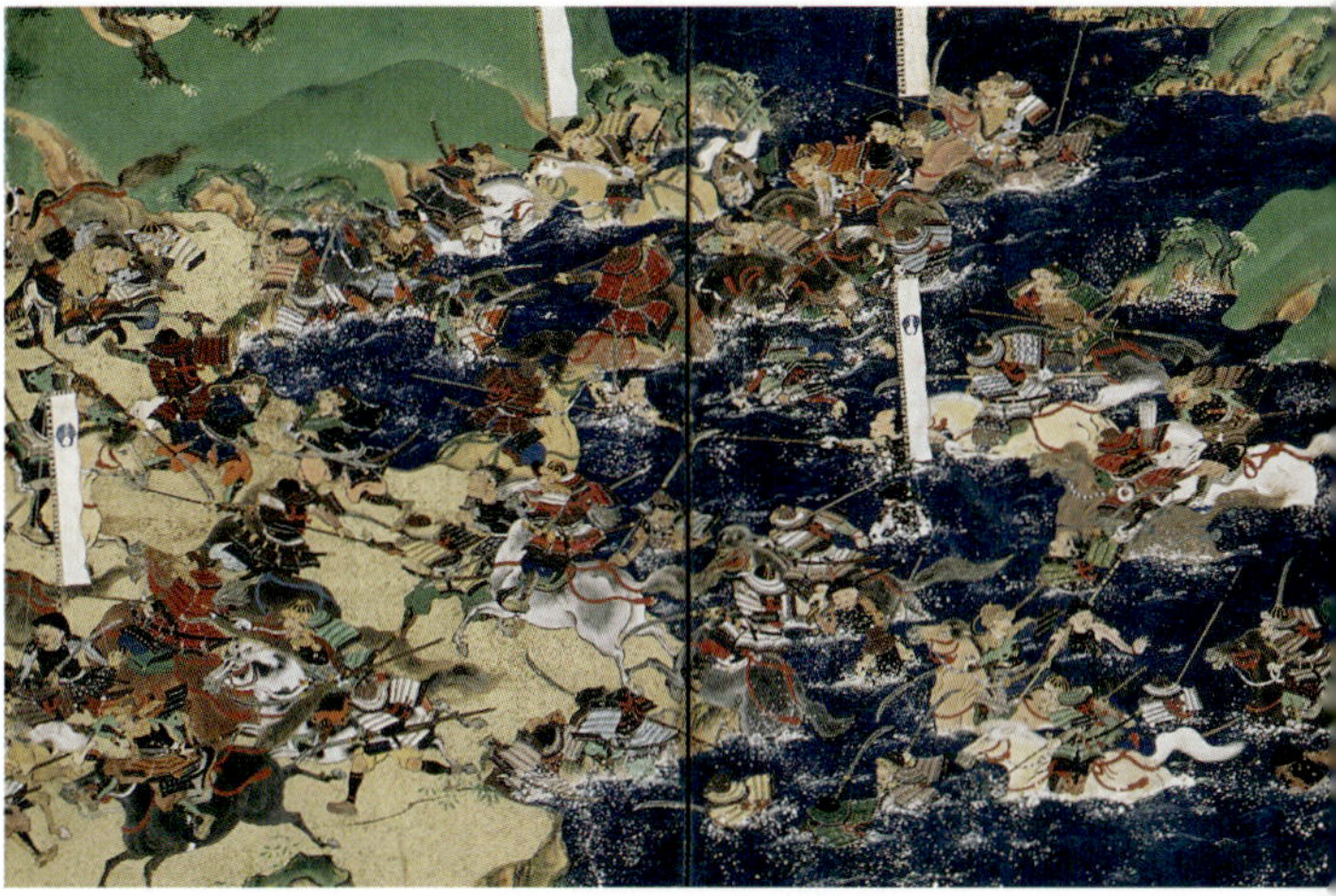

高城川で包囲され攻撃を受ける大友勢。『耳川合戦図屏風』の名がつけられているが、主戦場は高城川であった。

描かれているが、これはすでに釣り野伏せの罠《わな》にはまった状態といえる。

釣り野伏せとは、いわゆる伏兵《ふくへい》戦術である。あらかじめ伏兵を潜《ひそ》ませておいたうえで、まず先手《せんて》が敵勢と戦う。

だが島津の先手はじりじりと後退し始め、ついには敗走を始める。これに誘われて敵は追撃に移る。やがて敵の戦線が伸びきったところで島津の伏兵が現われて敵の側面を突き、さらに先手が反転して本隊とともに一斉に攻めかかるのである。

逃げる敵を追撃して戦果を拡大するのは戦いの常道である。「釣り野伏せ」は、これを逆手《さかて》に取った囮《おとり》作戦なのだ。

耳川の合戦において、島津勢は部隊を三つに分けていたという。当初小丸川を挟んで両軍が対峙していたが、大友軍も島津の釣り野伏せの戦術は心得ていた。そのため敵を誘い込もうとして島津軍は動くが、大友軍は自重《じちょう》して深追いしない。

しかし、味方が優勢な戦場で自重《じちょう》することほど難しいものはない。ひるむように退《ひ》き始めた島津勢の先手が、退きながらも間断《かんだん》なく鉄砲を撃ち込んでくると、ついに大友軍はこの挑発に乗り、島津軍の策も忘れ、「追撃」に踏み切った。田北鎮周《たきたしげかね》らの部隊が逃げる島津勢を追って突進し、小丸川を渡り、対岸へと進出した。

屏風絵はこのときの瞬間を描いたものである。

そのときである。突如小丸川北岸の藪《やぶ》のなかから島津の伏兵が一塊《ひとかたまり》になって現われ、大友軍に襲いかかった。大友軍は側面を突かれ動揺する。しかも後退していたはずの先手も反転し、島津義久・義弘の本隊とともに襲い掛かってきた。さらに高城からも守兵が出撃して大友軍の後背を襲う。

一瞬にして形勢は逆転し、不意打ちをくらった大友軍は混乱を来し、慌てふためいて逃げ惑うばかりとなる。

こうして大友軍は、あれほど注意していたにもかかわらず、島津の戦法「釣り野伏せ」にまんまとひっかかり惨敗《ざんぱい》を喫《きっ》してしまう。大友勢の主将・田原親賢《たわらちかかた》は敗走。佐伯惟教《さえきこれのり》、田北鎮周は

第５扇上部において横笛を吹く大友方の将トチ原。江戸初期に編纂された『大友軍記』に登場する人物である。

戦死した。大友軍の死傷者は、その数二万人にもおよんだといわれ、死体により川がせきとめられるほどだったという。

屏風絵には描かれない、この惨敗を語るのが、戦闘とは少し異なった第五扇上方の不思議な場面である。

紅葉《こうよう》の下、ひとり座って静かに笛を吹く「トチ原」という若武者が見えるだろうか。

彼は大友軍の一員といわれ、味方の惨敗を見て、もはやこれまでと山中へ逃れた。そして最後に静かに一曲奏《かな》でると、腹をかき切ったと伝えられる。島津勢もトチ原が奏でる笛の美しい音色《ねいろ》に立ち止まり、追撃の手を緩めたという。

熊本城築城に生かされた蔚山での悲惨な籠城戦

DATA		
	成立年代	1886年
	形 式	六曲三隻／紙本金地著色
	サイズ	各隻縦 168.7cm×横 368.5cm
	所 蔵	鍋島報效会

朝鮮軍陣図屏風

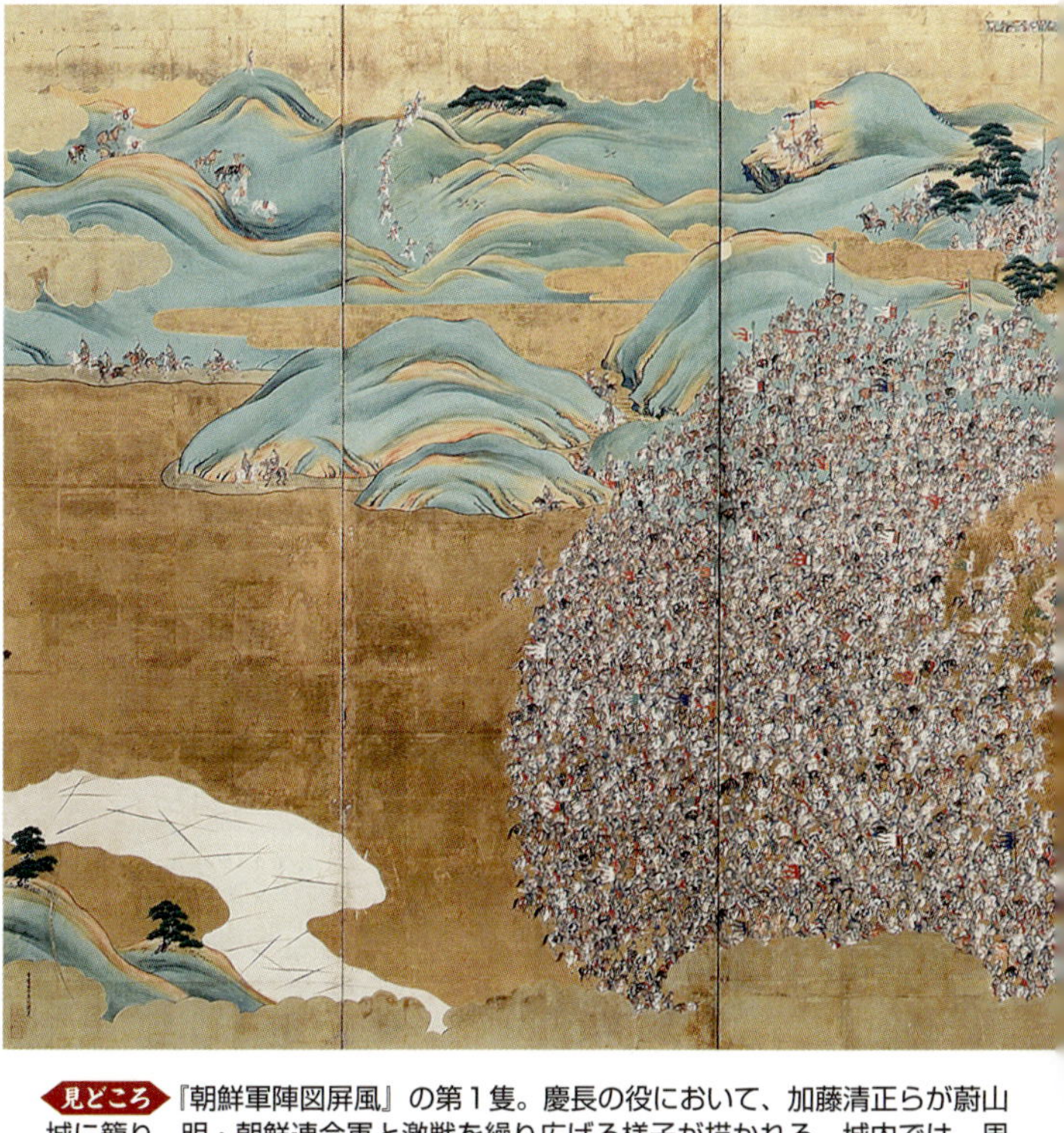

見どころ『朝鮮軍陣図屏風』の第1隻。慶長の役において、加藤清正らが蔚山城に籠り、明・朝鮮連合軍と激戦を繰り広げる様子が描かれる。城内では、周囲を包囲され飢餓に陥るなか、死んだ馬肉を食べる様子や、寒さで変色した戦死体が横たわる凄惨な光景が展開されている。

秀吉の朝鮮出兵

天下を平定した豊臣秀吉《とよとみひでよし》が次の目標に定めたのが大陸の明《みん》である。そこで明への通路に当たる朝鮮《ちょうせん》に臣従《しんじゅう》を求めたが、朝鮮がこれを拒否したため、文禄《ぶんろく》・慶長《けいちょう》の役《えき》と呼ばれる朝鮮侵攻が始まった。秀吉の命令で多くの大名たちが朝鮮に渡った。加藤清正《かとうきよまさ》と小西行長《こにしゆきなが》を先手とする日本軍は、開戦当初こそ快進撃を続けたものの、明からの援軍が到着すると、次第に追い込まれていく。講和交渉によって一度は停戦したが、秀吉の要求が通らなかったことから、慶長二年（一五九七）に再び日本軍が侵攻し、戦端が開かれた。

そうした慶長の役において最大の難戦となった蔚山城《うるさんじょう》の籠城《ろうじょう》戦を描いたのが、鍋島報效会《なべしまほうこうかい》が所蔵する六曲三隻の『朝鮮軍陣図屏風』である。その第一隻には過酷な戦いを強《し》いられた蔚山城の籠城戦が描かれている。屏風の中心には、七万といわれる明と朝鮮の連合軍に包囲され、まるで海に浮かぶ小島のような蔚山城が見える。しかしこの時、籠城方が直面していた問題は、この雲霞《うんか》のごとく群がる敵の大軍のみではなかった。それ以上に水と食糧の不足が深刻で、城内は飢餓《きが》状態に陥《おちい》っていたのである。

なぜ、日本軍はこのような事態に追い込まれてしまったのか。

そもそも朝鮮半島南部の沿岸地域に移動した日本軍は、それぞれ越冬《えっとう》の駐留地点となる城の

明・朝鮮連合軍の重厚な包囲を受け、孤立した蔚山城。建設途中であったことに加え、水の手を絶たれた城内では、馬を殺して食べるなど凄惨な飢餓地獄が現出した。

普請《ふしん》に取り掛かっていた。肥後《ひご》の大名・加藤清正は、越冬に臨んで蔚山城に入ることになっていた。

ところがそのさなかの十二月三日、明と朝鮮の七万の大軍に城が包囲されたのである。清正は、文禄の役で敵地深く攻め入り、朝鮮の二王子を捕虜にするなどの大活躍をして、朝鮮半島にもその名が知れ渡っていた。敵方はこの清正を討つことで、日本に大きな損害を与えようとしたのである。

不意の攻撃をくらった日本側は多くの戦死者を出し、まだ完成していない蔚山城に退却するのが精いっぱいだった。清正はこの時点で城にいなかったが、この報を聞くと、急遽帰還《きゅうきょきかん》して守将《しゅしょう》として入城する。

『朝鮮軍陣図屏風』第３隻。救援軍と明・朝鮮連合軍の戦闘が開始され、日本軍の猛追を受けながら退却する明・朝鮮連合軍の姿が描かれる。

『朝鮮軍陣図屏風』第2隻。蔚山城に到着した日本の救援軍が、明・朝鮮連合軍と対峙する様子が描かれる。黒田長政らが救援軍の将であった。

飢餓と水不足に悩まされた籠城戦

清正の入城により、城内には浅野幸長《あさのよしなが》、太田一吉《おおたかずよし》らの守将がそろうこととなった。しかし、蔚山城は未完成である。そのため防備は不十分であり、兵、兵糧《ひょうろう》、武器すべてが欠乏していた。対する明・朝鮮軍は蔚山城に井戸が少なく、兵糧の貯蔵がないことを見越して本格的な包囲作戦に出た。こうして過酷な籠城戦が二週間続くのである。

たちまち兵糧が底を尽いた蔚山城では、将兵が寒さと飢えに苦しめられることになる。兵は壁土や紙を食い、夜中に城外に出て敵の屍《しかばね》から食糧を奪った。さらに馬や人肉を喰らう者まで現われた。寒さで指を落としたり、凍死したりする者が続出し、城内は地獄絵図《じごくえず》と化すことになる。

その様子は屏風絵にも描かれている。城の石垣によじ登ろうとする敵を、かろうじて鉄砲で迎え撃つ日本軍。城内に目を移すと、死体が転がり、今まさに軍馬をさばいて食べようとする兵の姿も目に入る。右端下（第一扇）には日本の軍船が到着しているが、明・朝鮮軍に遮《さえぎ》られて上陸することができなかった。

こうした状態が二週間も続いた。それでも清正らが討ち死にの覚悟を決めた翌年一月四日、黒田長政らが救援に来るに至り、連合軍も退路を断たれるのを恐れ、囲みを解いて退却した。その様子を描いたのが二隻と三隻である。

加藤清正が築いた熊本城。清正は蔚山城の合戦における教訓を生かし、熊本城に多くの井戸を設けたという。

かくして命を永《なが》らえることができた清正は、この経験を後の城づくりに生かしている。その城こそが、清正の肥後における居城となった熊本城《くまもとじょう》である。城内を歩くと、いたるところに楠《くすのき》の大木がみられるが、これは籠城時に薪《たきぎ》にするために植えられたものという。また、銀杏《いちょう》の木が多いのもいざという時に食用とするためで、その実を収穫して地下の暗室に貯《たくわ》えたのである。また、畳のなかには芋《いも》がらを入れ、壁には干瓢《かんぴょう》を塗り込んだとも言われ、不意の籠城戦に備えて食糧の確保に工夫を凝らしたようだ。

また、蔚山城の籠城では水の欠乏にも悩まされたため、城内に百二十以上の井戸を掘ったという。天守《てんしゅ》のすぐ下、展望台、天守の入り口付近などには当時の井戸がそのまま残されている。

杭瀬川の合戦にて知将・島左近が見せた誘引作戦

岡山の徳川家康本陣。家康は杭瀬川の合戦をここから見ていたという。

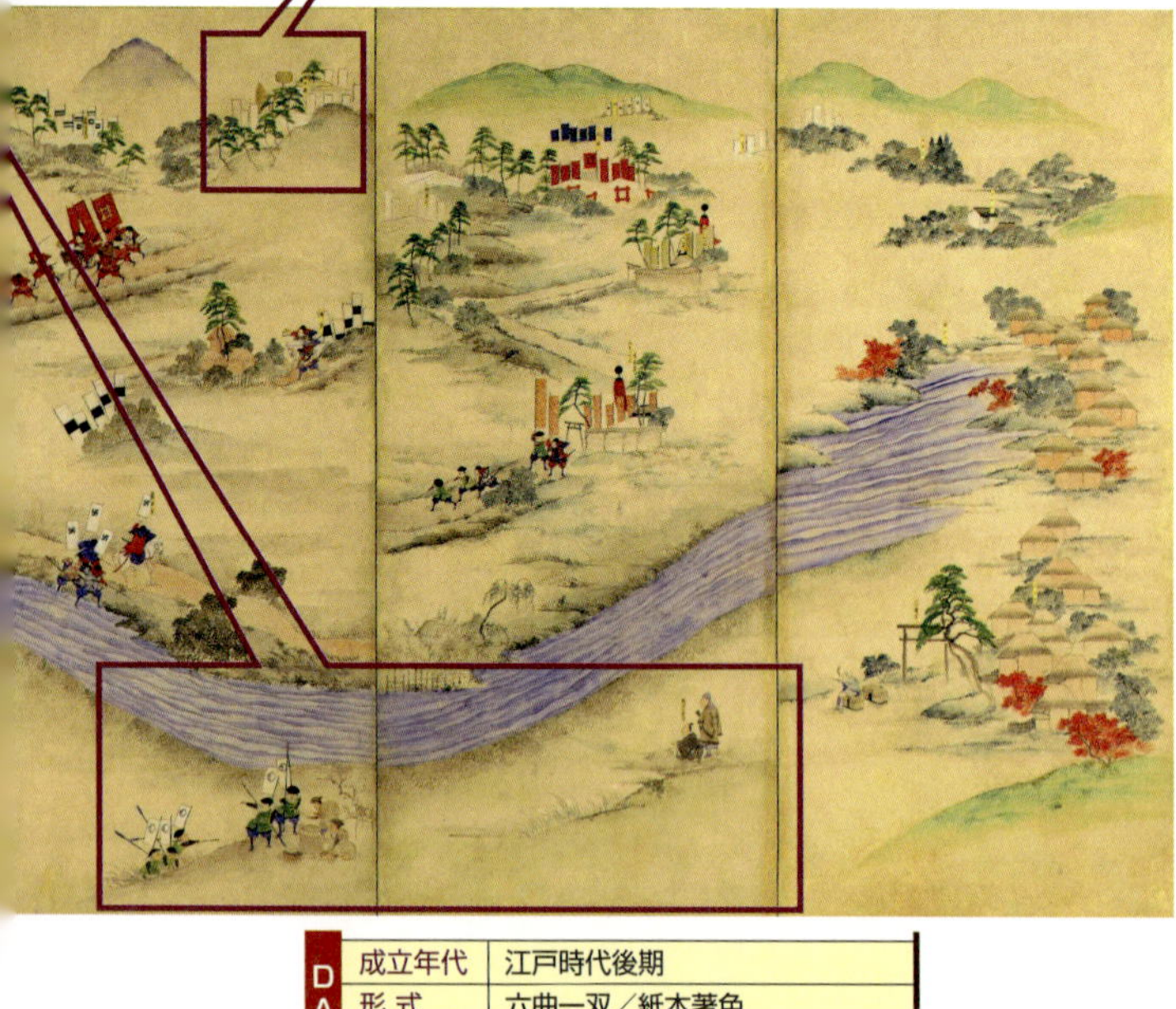

DATA	成立年代	江戸時代後期
	形式	六曲一双／紙本著色
	サイズ	各隻縦 126.0㎝×横 324.0㎝
	所蔵	行田市郷土博物館

関ヶ原合戦図屏風

酒を買い求める雑兵と、合戦を見物する人々。殺伐とした戦場にはおよそ似つかわしくないものと思われるが……。

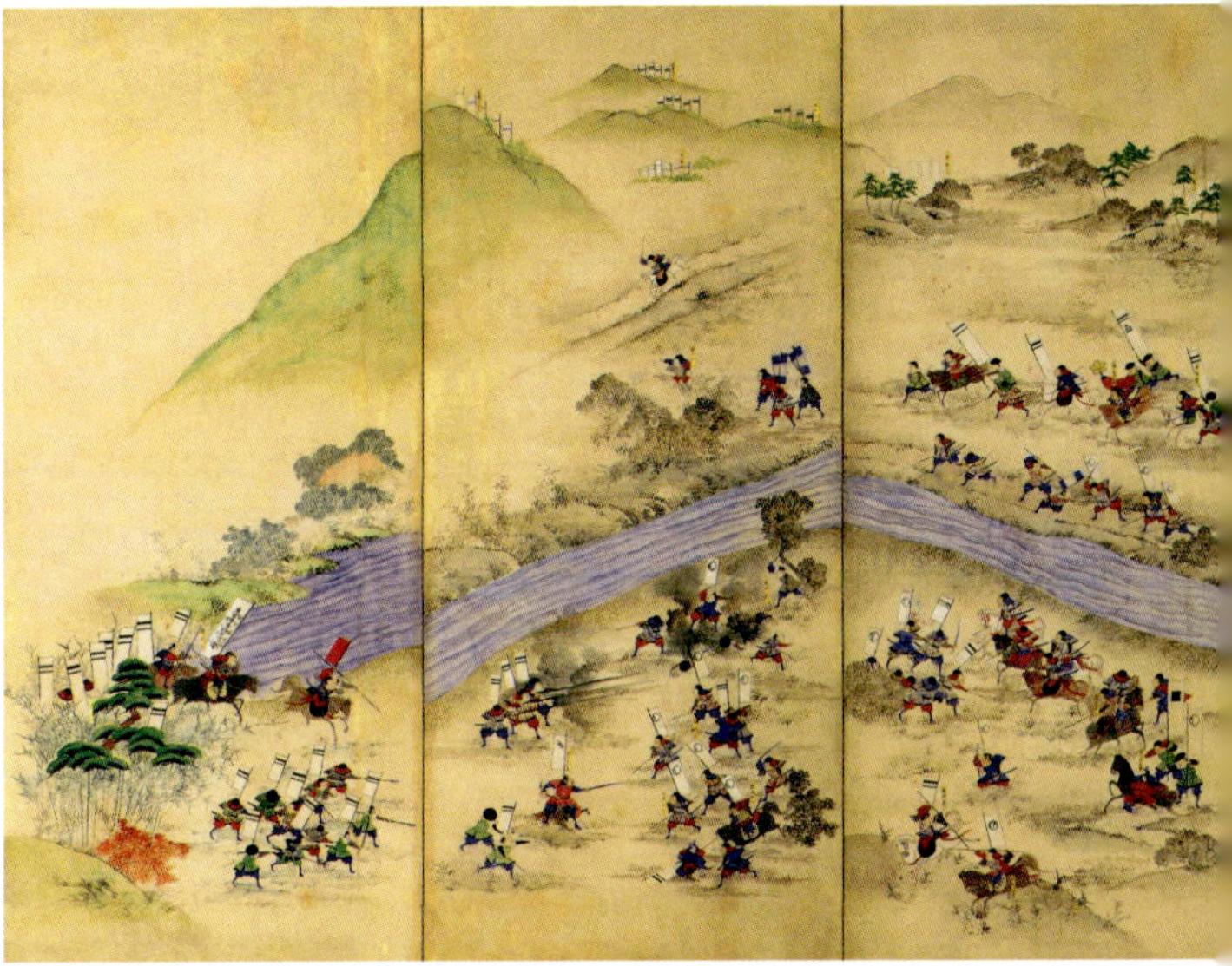

見どころ『関ヶ原合戦図屏風』右隻。埼玉の湯本家に伝来した一品で、左隻に関ヶ原の本戦を描く一方、右隻の空間の大部分を杭瀬川の合戦の描写に割いているのが、ほかとは大きく異なる。第6扇に戦いの主役ともいえる島左近が騎乗の姿で描かれている。

石田三成が挙兵し、家康と決戦へ

関ヶ原の合戦の前日、関ヶ原近くを流れる杭瀬川《くいせがわ》の畔《ほとり》にて前哨戦《ぜんしょうせん》が起こっている。行田市《ぎょうだし》郷土博物館所蔵の『関ヶ原合戦図屏風』には、その杭瀬川の合戦が描かれている。そこには石田《いしだ》三成《みつなり》らの西軍が勝利したように見えるが、実際はどうだったのだろうか。

まずは杭瀬川の合戦に至るまでの経緯を見てみよう。

もともと関ヶ原の合戦とこれに連動する諸国の合戦は、慶長《けいちょう》五年（一六〇〇）六月、徳川《とくがわ》家康《いえやす》が会津《あいづ》遠征へ向かった隙を狙い、石田三成が挙兵したことから始まった。家康の東軍は、ともに東下《とうか》した福島正則《ふくしままさのり》や黒田長政《くろだながまさ》、池田輝政《いけだてるまさ》、細川忠興《ほそかわただおき》ら諸大名が中核となった。対する三成の西軍にも宇喜多秀家《うきたひでいえ》、小西行長、島津義弘ら諸大名が加わり、軍事行動を開始した。

三成の挙兵を知った家康は反転して江戸に戻り、全国の大名に誘いをかけるなど戦いの準備に取り掛かった。家康はこの戦いを豊臣対徳川の構図にはせず、あくまでも自分と三成の戦いとすることで、譜代大名のみならず三成を嫌う豊臣恩顧《おんこ》の大名の加藤清正、福島正則らも味方に引き入れた。

一方、三成の挙兵は豊臣政権において主家をないがしろにして専横《せんおう》を極める家康を討つという、豊臣家に対する忠誠心から行なわれたものであったが、豊臣政権を支えてきた秀吉子飼《こが》いの武将たちの間には、三成ら官僚と、加藤、福島ら武断派《ぶだんは》大名の対立が存在していた。そのため頼みとすべき豊臣恩顧の大名が必ずしも西軍に参加したわけではなかった。

それでも三成は毛利輝元《もうりてるもと》、宇喜多秀家、島津義弘、秀吉の甥の小早川秀秋《こばやかわひであき》らを味方に引き入れ家康に匹敵する勢力を形成。さらに去就《きょしゅう》を決めかねている美濃《みの》、尾張《おわり》などの大名を引き込もうと岐阜の大垣城《おおがきじょう》に進出した。

しかし、西軍の雲行きはあまり芳《かんば》しくなかった。再三出馬を願っている西軍の総大将毛利輝元は大坂城へ入ったものの、そこから動かず、武将たちの士気《しき》も高まらない。八月二十三日には、三成が東方の重要拠点と位置づけていた岐阜城をやすやすと突破されてしまった。

そうした九月十四日、三成ら西軍は戦役始まって以来の思わぬ事態に仰天する。大垣城と杭瀬川を挟んだ岡山《おかやま》の地に家康の本陣が出現したのである。いまだ関東にいると思った東軍総大将の出現に西軍は浮足立った。

そこで石田三成の側近・島左近《しまさこん》が、味方の士気を鼓舞《こぶ》するため東軍を挑発し、前哨戦を行なうことを進言する。それが杭瀬川の合戦である。

結果から言うと、この緒戦《しょせん》は左近の見事な作戦によって西軍の勝利に終わっている。

三成の参謀・島左近の活躍

ここで登場した島左近とは一体どのような人物だったのか。また、彼はどのような秘策を駆《く》使《し》したのだろうか。

島左近はもともと大和国《やまとのくに》の筒井氏《つついし》に属していた人物といわれるが、その前半生ははっきりとわかっていない。ただ三成がその知略に惚《ほ》れ込み、自身の知行《ちぎょう》の半分を与えて召し抱えたといわれる謀臣《ぼうしん》である。「三成に過ぎたるものは佐和山城《さわやまじょう》と島左近」と羨望の的となったほどだ。

この杭瀬川の合戦でもその知勇《ちゆう》を余すところなく発揮して西軍を勝利に導くことになる。

その秘策を行田市郷土博物館所蔵の『関ヶ原合戦図屛風』の右隻から見てみよう。

屛風右隻の中央を流れている川が杭瀬川である。そして第五扇に注目すると、西軍鉄砲隊が隊列を組んで発砲し、この射撃を受けて混乱する東軍部隊の姿が描かれている。何人かの兵が倒れ、なかには首を上げられた将も見出される。

これを見ると、西軍の整然とした鉄砲隊はあらかじめ敵を待ち構えていたところへ、何も知らない東軍が川を渡って飛び込んでしまった様子が読み取れる。

そう、左近は鉄砲隊が待ち構える場所まで、敵を見事に誘導したのである。

この時、左近はまず五〇〇余りの兵を率いて杭瀬川を渡り、敵陣に近づくと、東軍の中村一《なかむらかず》

第４扇から第５扇にかけて、左近の挑発に乗り杭瀬川を渡河した中村一栄隊が包囲を受け、討ち取られている。

第６扇。島左近率いる西軍の伏兵部隊。騎馬武者のうち、左が島左近、右が蒲生郷舎。

栄《ひで》隊の近くで刈田《かりた》を行なって挑発したとされる。刈田とは、収穫を前にした稲を刈り取って自軍の兵糧《ひょうろう》としてしまうことである。

これに怒ったのが、中村一栄や有馬豊氏《ありまとようじ》である。彼らは左近のこの挑発に乗り、戦いを仕掛けるべく飛び出した。これに対し、左近はしばらく交戦していたが、やがて後退を始めた。中村・有馬の両隊はそれを追って、杭瀬川を渡って攻め込んでいった。

徳川家康はこの小競り合いを岡山の本陣から眺めていたが、左近の動きにつられる二将に落胆したという。

案の定、左近はこの時を待っていた。あらかじめ配しておいた宇喜多秀家麾下《きか》の八〇〇人の鉄砲隊が、川を背にした中村隊に向かって間断なく銃弾を浴びせたのだ。突然の銃撃を浴びて驚いた東軍側は混乱に陥って統制がとれなくなった。そこへ左近らの一隊が斬り込み、完膚《かんぷ》なきまでに叩きのめしたのである。三十人もの名のある武将を討ち、決戦を前にして西軍の士気は大いに上がることとなった。

関ヶ原の合戦における左近の活躍

そして翌日の九月十五日を迎える。大垣城の城攻めは避け、野戦に持ち込みたいと考えてい

合戦を見物する鹿島大宮司と浅間観音寺の僧の姿。当時、避難を終えた庶民が高台から合戦を見物することもあった。

た家康は、自分らが大坂城を突く計画を練《ね》っているらしいと噂を流させた。それを耳にした三成は、関ヶ原で食い止めようと野戦を決意するに至ったともいう。

十五日朝から始まった合戦で左近は、石田隊の先《せん》鋒《ぽう》にあって、加藤嘉明《かとうよしあき》、黒田長政、細川忠興の部隊を一手に引き受け、獅子奮迅《ししふんじん》の働きをした。馬上の左近の采配《さいはい》の見事さと勇躍《ゆうやく》ぶりは鬼神《きじん》かと見まごうばかり凄《すさ》まじいもので、一時は黒田本陣に迫る勢いも見せたという。

黒田長政もついに正面攻撃では切り崩すことができず、銃撃による側面攻撃に切り替えた。左近はそれでもひるむことなく斬り込もうとしたが、銃弾が命中、重傷を負って乱軍のなかで戦死したと伝えられる。

敵将を討ち取った馬廻りよりも信長が評価した人物とは

DATA	
成立年代	1882年
形式	錦絵三枚続
所蔵	荒木集成館

尾州桶狭間合戦

見どころ 幕末の絵師・歌川豊宣が描いた『尾州桶狭間合戦』。今川義元の本陣を急襲した織田勢が、大将義元を討たんとする場面である。服部小平太、毛利新助らが義元に挑みかかり、激闘を展開している。

迂回か全面攻撃か

豪華な甲冑《かっちゅう》をまとった武将が背後から押さえ込まれ、刀を振るって激しく抵抗するも、二人の槍を持った武士に討ち取られようとしている。桶狭間《おけはざま》の合戦のクライマックスを描いた『尾州《びしゅう》桶狭間合戦』である。

この錦絵《にしきえ》がテーマとした桶狭間の合戦は、永禄《えいろく》三年（一五六〇）、尾張《おわり》を統一したばかりの織田信長《おだのぶなが》が、駿河《するが》・遠江《とおとうみ》・三河《みかわ》を領する戦国大名今川義元《いまがわよしもと》を奇襲により討ち取った戦いである。

この時義元は、二万五〇〇〇、または四万五〇〇〇ともいわれる大軍を率いており、二〇〇〇程度しか動員できない信長が、正面から戦って勝てる相手ではなかった。

そのため信長は、兵力を集中した奇襲により、大将の義元のみを狙うという思い切った作戦に出たのである。従来の通説では、信長は熱田神宮《あつたじんぐう》で軍勢を整えると、自ら二〇〇〇の兵を率いて迂回《うかい》し、大雨に紛れて桶狭間で休息していた義元本隊の背後、または側面へ回りこみ、奇襲したとされてきた。

しかし近年の研究によると、信長は迂回せず、善照寺砦《ぜんしょうじとりで》から中島砦《なかじまとりで》に進み、今川軍の前衛に正面攻撃を仕掛け、それを崩して義元本隊までたどり着き義元を討ち取ったとされている。つまり、迂回の奇襲ではなく、正面攻撃だったというのだ。

いずれにしろこの戦いは、全国に衝撃をもって伝えられた。信長の武名は全国に広まる一方で、義元の死により、今川氏が没落し、戦国史が大きく変わっていくことになる。

驚きの論功行賞

では前述の『尾州桶狭間合戦』へ戻ろう。

ここに描かれているのは誰かというと、まず討たれようとしている人物こそ、今川軍の総大将・義元である。組み討つは、一番槍の服部小平太《はっとりこへいた》と、首をかききった毛利新助《もうりしんすけ》ら、信長の親衛隊「馬廻り《うままわ》」の面々である。義元も必死に抵抗し、最後の執念を見せている。

これを見れば、大将の首級《しゅきゅう》をとった新助こそ、最大の戦功者と信じて誰も疑わないはずだ。ところが戦後の論功行賞《ろんこうこうしょう》で新助は小平太と並んで二位だったという。

では、一位は誰だったのかというと、なんと戦場での槍働きに活躍した者ではなく、義元が桶狭間で休息しているという情報をもたらした簗田政綱《やなだまさつな》という人物だった。

政綱は在地の野武士《のぶし》集団を掌握《しょうあく》する情報将校ともいうべき存在だった。信長の命により彼は義元の動向を探り、逐一《ちくいち》報告していたのである。そして、合戦当日も義元の休息場所を主《あるじ》に伝えたのだ。

信長の奇襲において勝敗の分かれ目となるのは、義元の正確な居場所を知ることだった。場所を間違って義元を討ちもらせば寡兵《かへい》の織田軍は逆に取り囲まれてしまう。そこで信長は、情報を集め、分析した上で、一戦必勝に勝機を見出すべく戦に臨《のぞ》んでいたのだ。それを支えたのが政綱の情報だったというわけだ。

桶狭間の合戦に見られるように、じつは信長は戦国武将のなかでも早くから情報戦を重視していた武将としても知られる。桶狭間の場合も奇襲ばかりが注目されるが、信長はその裏でじつに一年前から緻密な情報戦を展開していたのである。

そのひとつが離間策《りかんさく》である。まず国境の戸部城《とべじょう》の戸部新左衛門《しんざえもん》が今川方の誘いに応じて寝返ってしまった。そこで信長は新左衛門が信長に内通《ないつう》する旨《むね》を宛てた偽の密書を用意し、義元の手に届くように仕向け、義元に新左衛門を殺させている。信長はこの離間策をとるため、祐筆《ゆうひつ》に一年も前から戸部の筆跡をまねる練習をさせていたという。

信長はもうひとつ離間策を用いた。鳴海城《なるみじょう》の山口教継《のりつぐ》・教吉《のりよし》父子も今川方に寝返ったため、尾張の情報が筒抜けになっていた。そこで今度は山口父子は信長方についたと噂を吹聴《ふいちょう》したのである。やがてこの噂が義元の耳にも届くと、義元は山口父子を呼び寄せ、腹を切らせた。

こうして信長は情報戦略を制し、裏切り者の始末に成功した。

今川義元に背後から組み付く毛利新助。義元はこの毛利新助に討ち取られた。
しかし、戦功の第一はこの劇的な場面に登場しない簗田政綱であった。

さらに情報の秘匿《ひとく》にもこだわった。戦いの前日に信長の清須城《きよすじょう》内で軍議が開かれ、籠城《ろうじょう》策を唱える家臣らに対し、信長が奇襲を主張したともいわれるが、実際は軍議など開かれなかったという。なぜならまず敵をだますには味方から。家臣のなかにも間者《かんじゃ》がいることを考慮し、奇襲作戦を誰にも言わなかったと思われる。

それゆえ翌朝、信長が城から駆け出したとき、わずか数騎しか従うことができなかったのである。慌てて追いかけてきた軍勢を熱田神宮で待って戦列を整え、一戦必勝の戦いへと駆け出していった。

緻密な情報戦略を駆使して必勝の体制を整えた上で、電光石火《でんこうせっか》の戦いを挑んだのである。

第三章

合戦図屏風に描かれた戦国時代の風景

戦国時代の馬はどのように飼われていたのか

DATA	
成立年代	16 世紀
形 式	八曲一双／紙本著色
サイズ	各隻縦 149.6㎝×横 353.9㎝
所 蔵	東京国立博物館

厩図屛風

見どころ『厩図屛風』に描かれた厩の部分。躍動感のある3頭の馬を左隻に、気品あふれる「静」の馬3頭を右隻にそれぞれ描き分けた作品。注目したいのは、両隻に見られる馬の手前で娯楽に興じる人物たちで、この描写によって、当時の武家の馬に対する考え方が浮き彫りとなってくる。

ポニー程度の大きさだった馬

戦国武将ひいては武士にとって欠かせない存在のひとつが馬である。騎馬武者《きばむしゃ》や、武田《たけだ》の騎馬軍団でも知られるように、実際、馬は戦いにおいて重要な武器になった。敵を追撃したり、歩兵集団を蹴散《けち》らしたり、さらに戦場からの離脱においても馬は欠かせない兵器だったのである。

そのため戦場には武将ひとり当たり、予備の馬を含めて二、三頭連れて行ったといわれている。当然武士は馬を自在に操れないと戦いにならなかったので、武士の子は五歳になると乗馬始めの儀《ぎ》を行ない、以降馬術の鍛錬《たんれん》に励んだ。

武士にとって馬は切っても切り離せない戦友であり、合戦図屏風《かっせんずびょうぶ》においても馬が描かれていない作品はまず見当たらないといっても過言ではない。

ただし、当時の馬は現代のわれわれが知る馬とは異なる。

現代の欧米から輸入したサラブレッドなどを改良した、体格の良い明治以降の軍馬とは異なり、当時合戦で活躍していたのは、木曽馬《きそうま》など在来馬《ざいらいば》であった。その馬の体高《たいこう》（肩から前足のひずめ）の平均は約一三三センチで、人より小さい馬が一般的だった。つまり、戦場で活躍していた馬もポニー程度の大きさだったのである。

なかには体高一五〇センチ以上の大型馬もいたが、それらは大変珍しく「大馬」と呼ばれて贈答品として珍重され、乗馬用というよりは観賞用としてもてはやされた。

名馬は武士のステイタス

では武士にとって大切な馬はどのように飼育されて入手したのだろうか。

馬の飼育は古代より「牧《まき》」で行なわれた。牧といっても建物があるわけではなく、海や川、湿地などの自然地形を利用したもので、せいぜい簡単な土手で牧を囲っている程度。ここで放牧しながら馬を育成したのである。その姿は『牧場図屏風《まきばずびょうぶ》』などに見ることができる。牧が開かれた場所は東北が多かったともいわれるが、全国に存在していたようだ。

そして各地に馬市《うまいち》などが立って馬が売買され、武士はそこで名馬を競って求めた。名馬を所有することは武士にとってステイタスのひとつで、名馬に乗って主君主催の「馬揃え《うまぞろえ》」に臨めば家中の注目を集め、出世の糸口となることもあった。

領主がしばしば名馬を買い求めることを戒《いまし》めているのを見ても、無理をして身《み》の丈《たけ》以上の名馬を求める者があとを絶たなかったことが分かる。

内助《ないじょ》の功《こう》で知られる山内一豊《やまうちかずとよ》の妻が、困っている夫をみかねて、へそくり、または持参金を差し出したのは、この馬揃えのための名馬購入の時だったともいわれている。一豊は立派な馬を手に入れ、面目《めんもく》を施《ほどこ》したという。

社交場となっていた厩

では、こうして無理をしてまで手に入れた馬をどう扱ったのかというと、東京国立博物館所蔵の『厩図屏風《うまやずびょうぶ》』に詳しく見ることができる。この図は十六世紀末、狩野派絵師《かのうはえし》によって描かれ八曲一双《はっきょくいっそう》の屏風に仕立てられた。

図の主題である馬を飼う小屋である厩は当時、武士の住居の重要な要素となっていた。武士の厩は二間三間が普通で、板の間で馬を飼育していたという。幕府などには厩奉行《ぶぎょう》が存在し、格式ある家柄の武士が任ぜられていたことから、武士にとって厩がいかに欠かせない空間だったことがうかがえる。そのため、中世以降、名馬を愛玩《あいがん》する風潮が始まると、厩の風景を描いた厩図がよく描かれるようになった。それには馬のみが描かれたもの、馬の手前で人が娯楽に興じたものの二種類があるが、東京国立博物館所蔵の本作品は後者である。

この厩は六間からなり、左隻と右隻にそれぞれ三頭ずつ、計六頭の馬がつながれている。馬は腹部に縄がかけられ、天井から吊られ、鼻面に引き綱がつけられて、柱につながれている。

何よりもその手前、下方に注目してほしい。厩の手前には畳が敷き並べられている。そこに

板の間の厩の前では、人々が囲碁や将棋に興じる様子が描かれる。

は馬具が置かれているほか、なんと囲碁《いご》や将棋《しょうぎ》を囲む僧侶や武士、さらに寝転ぶ人など、思い思いに過ごしている人々が描かれている。また、茶を運ぶ小姓《こしょう》や番犬、馬の安全を守るとされた猿も描かれている。厩の前に畳があり、馬の前で娯楽《ごらく》に興じる——。現代のわれわれが考える馬を飼育するための小屋とは、大きく違った印象を持つのではないだろうか。

しかし、この『厩図屏風』は、当時の厩のあり方を忠実に映し出したものなのだ。中世から近世にかけての厩は単に馬を飼う場所ではなく、名馬を鑑賞しながら娯楽を楽しむ社交場になっていた。そのため馬は大切に扱われ、厩も独立して立派なものが造られ、つねに清潔が保たれていた。馬は板の間で飼育され、人より贅沢《ぜいたく》に暮らしていわれるほどであった。馬の手入れは侍のつとめでもあり、馬の世話を下の者に任せるのは恥であるとまでいわれたのである。

こうした大切な馬を飼育する厩は、いつしか警固《けいご》の詰所《つめしょ》や来客の従者の控所《ひかえどころ》としても使われるようになった。さらに厩の前で客をもてなすなど、接待所としても活用されたのである。

そうした習慣を踏まえて『厩図屏風』を見ると、大きく印象が異なってくる。来客の従者たちが主君を待っているのだろうか。暇《ひま》つぶしに娯楽に興じているのか、それとも休息しているのか、なかには馬を見ている人もおり、優れた名馬を前に思い思いに過ごしているようだ。

実際の記録でも厩がさまざまな空間として使われたことが記されている。

織田信長《おだのぶなが》が本能寺《ほんのうじ》の変《へん》に散った際には、織田方の兵たちが「御厩」より撃って出て討死したことが記されており、従者の控え所としても使われていたことが知られている。

さらに、意外なところでは足利《あしかが》将軍家においても正月の左義長《さぎちょう》には、将軍夫妻が御厩の縁側から見物したことが記されている。

従者の控え場所から娯楽場、さらに将軍夫妻の桟敷《さじき》まで、当時は馬とともにいるのが当たり前であり、馬がより身近な存在であった事実が浮かび上がってくる。

戦国の馬とサラブレッド、戦国人の体高比較

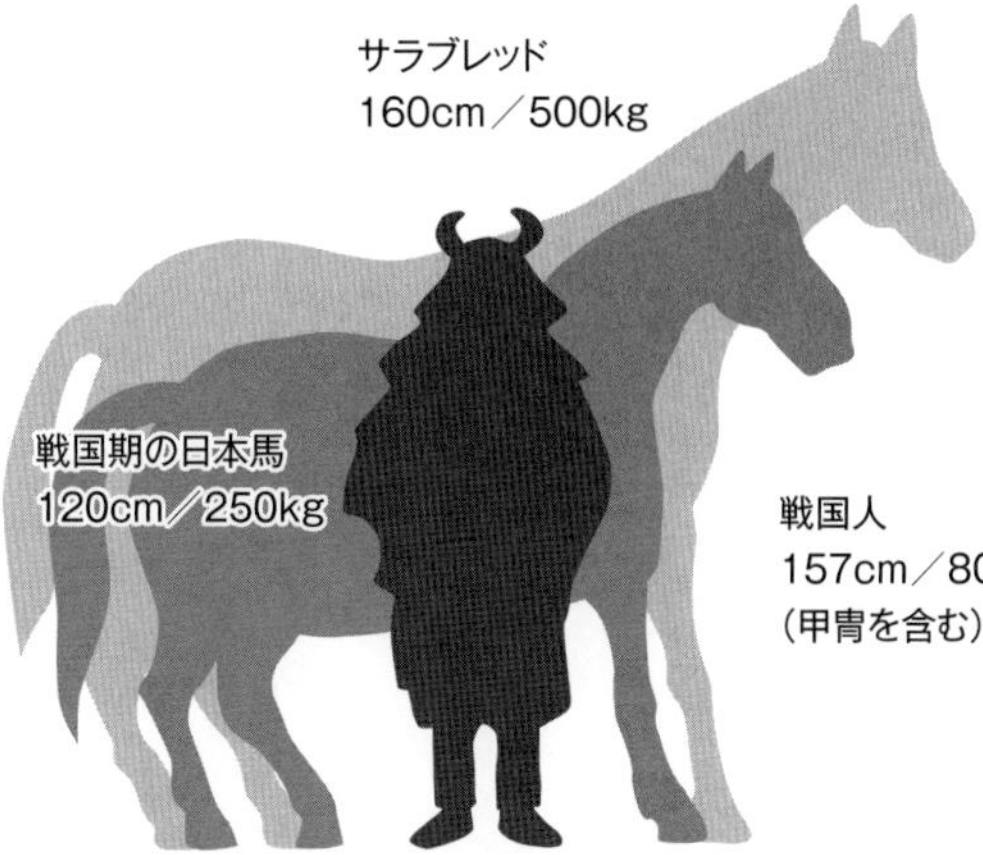

戦国武将と名馬

馬名	武将	特徴
白石鹿毛	織田信長	乗り心地が極めて優れていた。
黒雲	武田信玄	気性が荒く、影武者にも気を許さなかったという。
白石	徳川家康	関ヶ原の合戦で騎乗したと伝わる。
放生月毛	上杉謙信	川中島の合戦で、信玄を襲撃したときに乗っていた馬という。
松風	前田慶次	小説『一夢庵風流記』にも登場する馬。
三国黒	本多忠勝	長らく忠勝の愛馬であったが、関ヶ原の合戦で失われた。
膝付栗毛	島津義弘	木崎原の合戦で義弘を救ったという。

築城風景に描かれたパワフルな民衆の姿

DATA	
成立年代	桃山時代
形 式	六曲一隻／紙本金地著色
サイズ	縦 55.8cm×横 210.2cm
所 蔵	名古屋市博物館

築城図屏風

見どころ 城の普請に沸き立つ城下町の姿を描く『築城図屏風』。町並の様子から、慶長12年（1607）に始まる駿府城築城の様子を描いたものではないかと指摘されている。「普請」と呼ばれる石垣の建築方法が克明に示されるとともに、築城景気に湧く城下の民衆の姿が生き生きと描かれている。

山城から平城へ

武士の時代、重要な軍事拠点と言えば城だった。時には防御の要となったため、築城《ちくじょう》は何より重視された。ただし、ひと口に城といっても、中世から戦国時代にかけて、城の形態が山《やま》城《じろ》から平山城《ひらやまじろ》、平城《ひらじろ》と変遷を遂《と》げており、その性格もさまざまである。

中世では高い山の尾根《おね》などを利用して築いた山城が城の主流であった。急峻《きゅうしゅん》な崖《がけ》を利用することで、敵の侵入路を限定するなどの効果がもたらされ、天然の要害となる地形を利用して施設を作ることができたため、簡単な工事で堅固な城を築くことができたからである。

しかし戦国中期から後期にかけて、城には、領国経営の拠点としての役割が求められた。そこで交通の便のよい丘陵《きゅうりょう》に平山城が築城されるようになる。平山城では長期の籠城《ろうじょう》や大軍の収容が可能になったが、山城に比べて防御力が弱まったため外周に石垣《いしがき》や水堀が設けられるようになった。

さらに戦国時代も末期になると、土木技術が発展して巨大な堀などの工事が可能になり、交通の便のよい平地に「平城」が築かれるようになった。平城では地形の制約を受けることなく広大な城郭群《じょうかくぐん》を設定することが可能で、より多くの兵を収容することができた。また、平坦な地形と交通の便が城下町の発展を促すことにもつながった。

築城の流れ

一、縄張

城の建設が決定したら、まず土地の選定が行なわれる。その後、城の設計図である「縄張」が作製され、本丸、二の丸などの曲輪、城門や櫓、堀などの配置が決められていく。

二、普請

縄張に基づいて行なわれる基礎工事が「普請」である。堀をうがって、平山城や平城ならば水を張る。また、土塁を盛って石垣を築いていく。

三、作事

天守や櫓、御殿などの建築工事を「作事」と呼ぶ。普請によって築かれた天守台のうえに天守が建てられ、石落としなどの防御設備が開かれ、防弾機能を備えた壁が塗られていく。そのほか、城門や土蔵、馬屋など、多くの設備が建設されていく。

城を築くことを「城取」といい、それは「縄張」と呼ばれる土地の選定から始まる。

屏風絵から見る築城の様子

では、城はどのようにして築いたのか。

まず地選《ちせん》によって場所を決めると、縄張《なわばり》、普《ふ》請《しん》、作事《さくじ》の順に工事が進められていく。場所は、主に築城の目的に沿って防御力が増す山、川、海など自然の地形を利用可能な場所が選ばれた。続いて設計図となる絵図が作成され、それに基づいて現地で区画ごとに杭《くい》を打ち、縄を張って区分けしていった。これが縄張である。

実際の工事は普請から始まった。これはいわゆる基礎工事で、堀をうがち、土塁《どるい》を盛り、石垣を積んでいった。この石垣を積み上げていく作業を描いたのが、名古屋市博物館に所蔵される六曲一隻《ろっきょくいっせき》の『築城図屏風』である。十七世紀初頭の慶長《けいちょう》年間、慶長中頃の情景とされるが、その城については駿府城《すんぷじょう》、名古屋城《なごやじょう》など諸説あり、明らかではない。

屏風絵の左半分には、石垣の一部となる巨大な石を運んでいるところが描かれている。第六扇左下方を見ると、修羅《しゅら》という木製の大型そりに巨石を載せ、下に敷いたコロの上を曳《ひ》いていたことが分かる。石の上には人が乗って太鼓《たいこ》と法螺貝《ほらがい》で音頭《おんど》を取っている。この巨石運搬は普請の見せ場であり、大名自身が音頭をとることもあった。南蛮《なんばん》衣装などさまざまな仮装と音曲《おんぎょく》で人夫の士気盛り上げた事例も伝えられ、ここでは加賀藩《かがはん》の重臣が音頭取りをしているとみられる。

やがて石垣を積む場所に巨石はたどり着く。そこでは事前に堀の底に松の胴木《どうぎ》が敷かれ、末丸太の杭《くい》を打って止められている。その上に大きな根石《ねいし》を据《す》え、石垣を積み上げていく。

その石垣の石の積み方にはいくつか種類があり、自然の石を整形せず用いる野面積《のづらづみ》、積石の接合部分を加工して隙間なく組み上げる打込接《うちこみはぎ》、積石を徹底的に加工して、表面を平らにして石同士の隙間をなくした切込接《きりこみはぎ》がある。さらに積み方には、石を横方向にそろえながら同じ高さの石を横並びに積む布積《ぬのづみ》、横方向の列を意識せずに積む乱積《らんづみ》がある。

なお、日本の石垣といえば勾配《こうばい》が付けられているのが特徴だが、これは石垣を安定させるためだ。野面、打込接、切込接の順に勾配が急になる。

ではどのように石垣の石を積んでいたのか。再び屏風絵を見てみよう。屏風では、第三扇上

屏風絵に見る石垣の築き方

一、石を運ぶ。

第6扇下部では、音頭を取る者を乗せた巨石が、大勢の人々に引かれていく。この巨石は鏡石として城門の脇に積まれることになる。また、第1扇では石垣と下地の土塁の間に詰める裏込めや、石垣の隙間に詰める間石などの小さな石が運ばれている。

二、胴木を運ぶ。

第3扇では、石垣の沈下を防ぐために基底に埋める材木「胴木」が運ばれている。

三、石を積む。

製材された石を隙間なく積んでいく（第2扇）。石を積みながら勾配をつけたり、反らしたりするなど、防御力を高めていく。

四、石垣をはつる。

築き上げられた石垣は、最後に表面を鉄製のノミで打ち砕きながら、美しく平らに仕上げられた。これを「はつる」という（第2扇）。

『築城図屏風』には石垣を積む普請の様子が克明に描かれている。

部には天守《てんしゅ》が完成した本丸《ほんまる》があるため、第二扇で積み上げている石垣は別の曲輪《くるわ》のものだろう。

その石は坂道を車で運ぶのは危険なため担いで運んでいる。

さらによく見てみると、石垣に丸太を差し込んで、仮設の足場《あしば》を作り、手子木という棒を使って四角く製材された石垣をすき間なく据え付けている。その下では、足場の上で石垣の表面をノミではつる（削る）作業が行なわれる。これは美しく平らに仕上げて美観を整えるとともに、よじ登る手がかりをなくすという防衛上の目的を持つ。

なお、右上は小石の保管場所である。石垣の裏側や石材の間につめる小石は大量に必要とした。大きい石、小さい石ともに大事な材料であるため、他の作業班に奪われないように見張りがいた。そして右下では小石を畚《もっこ》で運んでいる。

まさに、このような人海戦術《じんかいせんじゅつ》によって石垣が積まれていったのである。

築城時の賑やかな民衆風俗

『築城図屏風』から読み解けるもうひとつのポイントは、築城景気に沸く賑《にぎ》やかな城下の風俗である。

とくになかなか見られない工事に従事する民衆の姿が描かれているのが特徴である。これだ

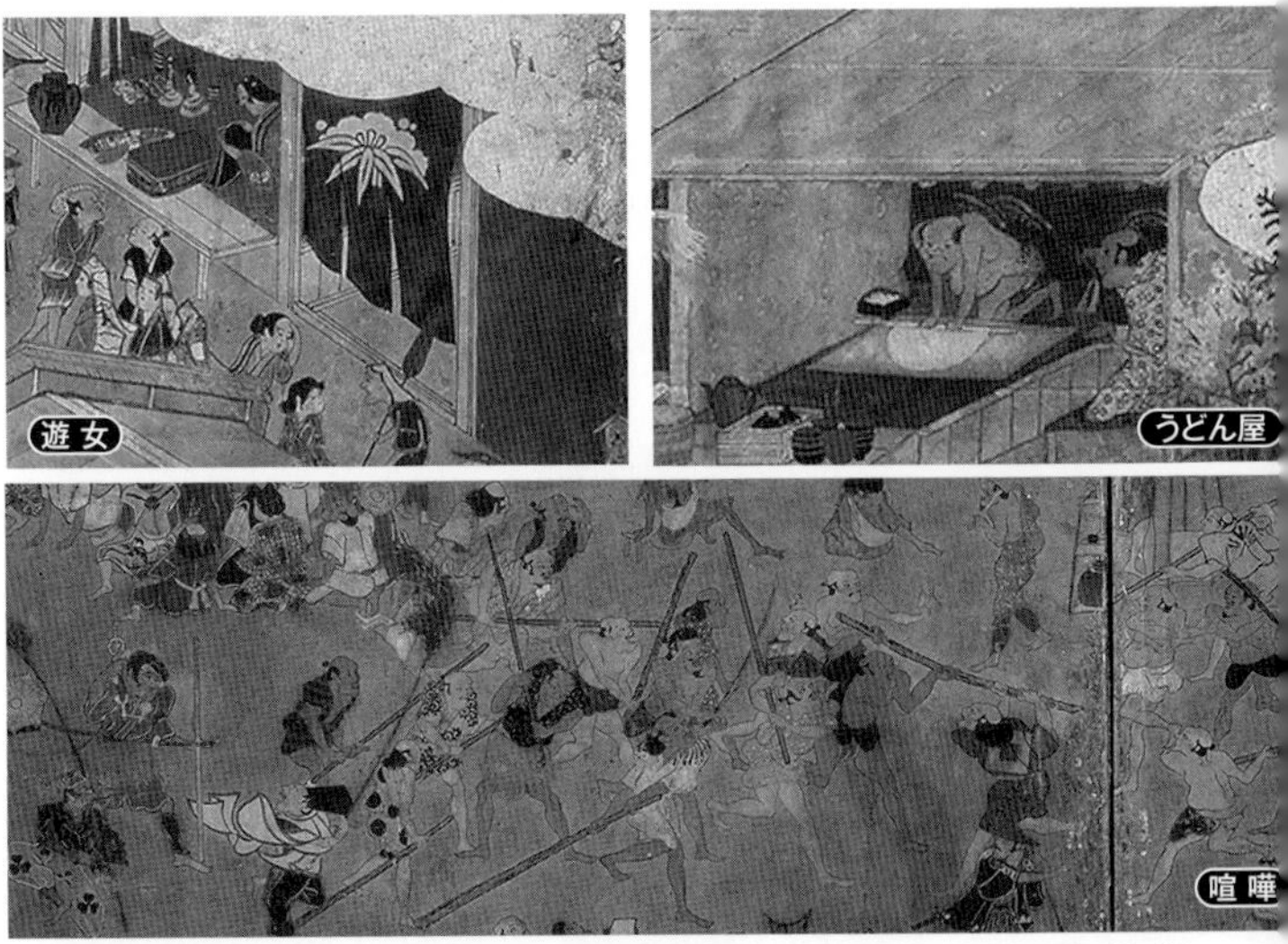

賑わう城下のひとコマ。商売を行なう妓楼の遊女（左上）と、うどん屋（右上）。戦国の気風をそのままに繰り広げられた喧嘩（下）。『築城図屏風』には建築景気に賑わう城下の生き生きとした風景も描かれている。

け多くの人数が集まっているため、この築城をあてこんだ商売も盛んだったようだ。

左端では竹矢来《たけやらい》にむしろを張り込んだ簡易な囲いの芝居小屋が開かれている。左上方には遊女《ゆうじょ》がおり、その近くでは芸人が皿回しの曲芸を見せ、獅子舞《ししまい》が演じられ、喜捨《きしゃ》を募《つの》る勧進《かんじん》の姿も見える。さらに画面中央には人夫同士が激しくやりあっている喧嘩《けんか》の場面も描かれる。当時は多くの大名が動員されており、お互い進捗《しんちょく》を競い合ったことから人夫の喧嘩も絶えなかったようだ。

このように芝居小屋から遊女、芸人が集まり、街中では喧嘩も日常茶飯事。そうした建設中の城下の賑わいや熱気あふれる様子が『築城図屏風』から生き生きと蘇ってくる。

大坂城落城に逃げ惑う人々の悲惨な光景

DATA	成立年代	江戸時代前期
	形 式	六曲一双／紙本金地著色
	サイズ	各隻縦 150.3㎝×横 360.7㎝
	所 蔵	大阪城天守閣

大坂夏の陣図屏風

見どころ『大坂夏の陣図屏風』左隻。大坂夏の陣に参陣した福岡藩主黒田長政が描かせたものとされる。場面は、左右隻ともに、おそらく大坂の陣の最終局面を描いたものとみられ、大坂城下にひしめく軍勢を描く右隻（142～143頁）に対し、この左隻には逃げ惑う民衆と敗残兵、狼藉を働く野盗および、徳川方の兵が所狭しと描かれる。落城の凄惨な有様を精緻に描いた本作は元和版『ゲルニカ』の異名をとっている。

大坂夏の陣と豊臣家の最期

大坂冬の陣は、大坂城に籠城した真田信繁《さなだのぶしげ》ら豊臣《とよとみ》方諸将の善戦により、さしもの徳川家康《とくがわいえやす》も攻めあぐね、力攻《ちからぜ》めを断念した。そこで家康は次の手として、大坂方に講和を申し入れる。大筒《おおづつ》の砲撃により恐慌《きょうこう》状態にあった大坂城の淀殿《よどどの》は、これを家康の底意《そこい》とも知らず受け入れた。

かくして一応の平穏がもたらされたのだが、徳川方が出した講和の条件のひとつに、「城の惣堀《そうぼり》を埋める」という条項があった。

豊臣方では、これを二の丸、三の丸の外側の堀のことだと解釈していたのだが、徳川方はすべての堀であるとして二の丸、三の丸の堀もさっさと埋めてしまう。結果、難攻不落《なんこうふらく》の城とされた大坂城は裸城《はだかじろ》となり、防御力をほとんど奪われたのである。

その上で徳川方は、大坂城にいる浪人衆《ろうにんしゅう》の放逐《ほうちく》、もしくは豊臣秀頼《ひでより》の国替《くにが》えを豊臣方に迫った。再び追い詰められた豊臣方は、慶長《けいちょう》二十年（一六一五）四月、二度目の挙兵に踏み切る。

しかし、大坂城が無力化された以上は、城外に出撃して幕府軍を食い止め、大将・家康の首を挙《あ》げるしか勝機はない。

四月末、戦闘の火ぶたが切って落とされた。数に劣る豊臣方だったが奮戦し、五月七日の戦いでは、一時は真田信繁や毛利勝永《もうりかつなが》が家康本陣を壊乱《かいらん》させるほどの健闘を見せた。しかし多勢に無勢。大坂方の武将たちは次々と戦場に散り、同日中に大坂城が陥落。翌日、秀頼と淀殿が自害《じがい》して、豊臣家は滅亡したのである。

元和版『ゲルニカ』

この大坂夏の陣を描いた屏風が、福岡藩主黒田家《ふくおかはんしゅくろだけ》に伝わった六曲一双の『大坂夏の陣図屏風』である。右隻には、激しく戦う両陣営の姿が活写されている。何より隙間なく精密に描き込まれた膨大な人の数に圧倒されるが、画面自体は中央にある四天王寺《してんのうじ》の鳥居《とりい》を境として、右側に徳川方、左側に豊臣方が配される単純な構図となっている。

左端の第六扇に描かれた大坂城には、秀頼《ひでより》の馬印《うまじるし》が掲げられている。豊臣方の武将は秀頼の出馬を待ったが、最後まで秀頼の出馬はなかった。

左隻に目を移すと一転、合戦図に珍しい大坂城落城後の民衆の悲劇と街の惨状が描かれている。画面右から左へ徳川方の将兵が押し寄せ、所々で豊臣方残党との散発的な戦闘を起こしている。そうした混乱のなかを多くの人々が逃げ惑っているのだ。

大坂城の落城直後、大坂の街には、徳川軍の兵が逃亡者を追ってなだれ込んだ。城からは二万ともいわれる人々が逃げ出し、この混乱に民衆が巻き込まれたのである。市街地には火が放

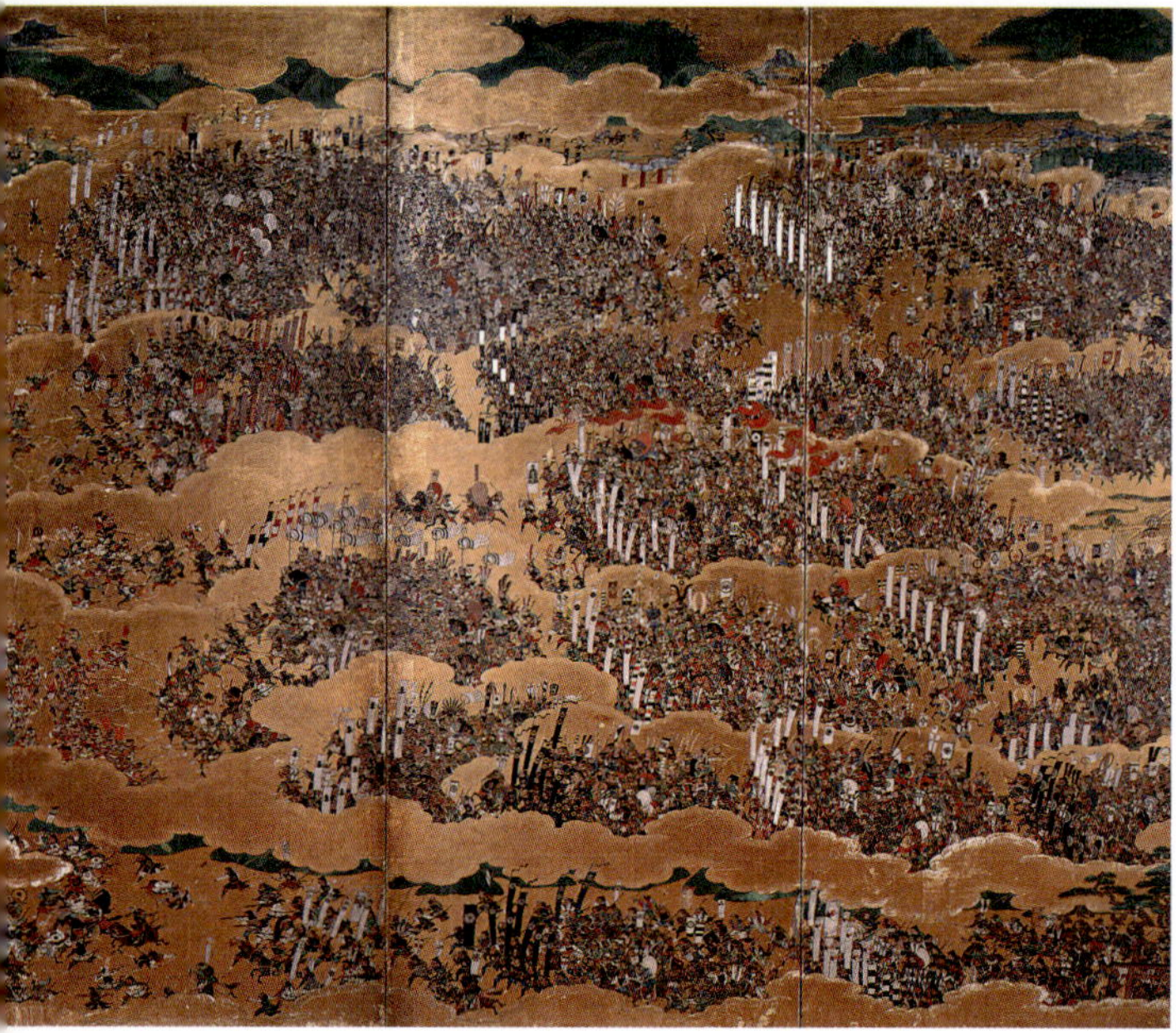

たれ、銃声がこだまし、怒号《どごう》と殺戮《さつりく》が飛び交う修羅場《しゅらば》と化した。

　将兵だけでなく民衆も逃げ惑うなか、野盗《やとう》も加わって、暴虐《ぼうぎゃく》の限りを尽くしていくのである。市街地は死人であふれ、おびただしい死体が河を埋めつくした。人は足を濡らさずにその上を渡ることができるほどになったという。

『大坂夏の陣図屏風』にも、その凄惨な状況が詳細に描かれている。

　暴徒化した兵たちは人間の醜《みにく》い欲望をむき出しにする。

　逃げ惑う民衆の金品を片《かた》っ端《ぱし》から奪いとり、身ぐるみまで根こそぎ剥《は》ぎ取り、女性を襲い、逃亡者を容赦《ようしゃ》なく殺戮して回る姿

両軍の激闘を描いた『大坂夏の陣図屏風』の右隻。

が生々しく描かれている。絵図では、暴徒に身ぐるみをはがされたのか、男女問わず裸同然でひたすら逃げ惑う人々も多く、命からがら対岸に渡った人々を野盗《やとう》の群れが襲っている。

この悲惨な情景の描写ゆえか、スペイン内戦におけるゲルニカの無差別爆撃を非難したピカソの『ゲルニカ』になぞらえて、元和版『ゲルニカ』と称されたほどである。

左隻を通して漂《ただよ》うのは、勝者となった徳川方への賞賛ではないことは確かである。発注者は黒田家であるが、なぜこのような構図を描かせたのか、理由ははっきりしない。

城から逃げ出した少女たちの実体験

豊臣方はキリスト教布教を認めていたため、明石全登《あかしてるずみ》のようなキリシタン武将のほかに、多数の外国人宣教師たちも大坂城に籠城していた。彼らは落城後、城から逃げ出したが、途中で兵士に金品はもちろん身ぐるみをはがされるという体験をした者も少なくなかった。

このように籠城戦では落城時、城に残った人々に悲惨な運命が襲いかかる。とくに武器を持たない女性たちにとっては悲劇以外の何者でもなかった。第五扇下方を見て欲しい。数人の男たちに囲まれ、連れ去られようとしている女性がいる。またその少し右の川の中には、身ぐるみを剥がされた女性の姿も見える。

この情景を証明する、当時大坂城にあって、落城を経験した少女の実体験を記した物語が存在する。それが『おきく物語』である。

この記録の主おきくは、淀殿に仕える腰元《こしもと》で当時二十歳だった。五月七日の落城当日、おきくは下女《げじょ》にそば焼きを作るよう命じるほどのんびりしていたが、火が迫っていることを知り、単独で行動を起こす。城を出るなという侍《さむらい》の命令を振り切り、着物を何枚も重ね着して、竹の筒に金や銀を流し込んだ「竹流し」を二本懐《ふところ》に入れて城を出た。

城門を出たところで侍が金を出せと脅してきたため、おきくはそれに怖気《おじけ》づくことなく竹流

大坂城から落ち延びる途中、足軽に捕えられたと見られる女性。落城時にはこうした狼藉の場面が随所で展開された。

しを二本渡し、さらに褒美《ほうび》を渡すことを条件に、かつて身を寄せたことがある徳川方の藤堂高虎《とうどうたかとら》の陣まで連れていくよう言ってのける。

まんまと侍を護衛役にしたのである。その移動中、おきくは運よく淀殿の妹常高院《じょうこういん》の一行が城から脱出する所に出くわしたため、その一行に加えてもらう。常高院の嫁《とつ》ぎ先である京極家《きょうごくけ》は徳川方なので、戦場を無事脱出できたのである。

かくしておきくは無事落城の地獄から生還したが、多くの民衆が混乱のなかで命を落とした。戦乱は民衆も女性もいやおうなく戦いのなかに巻き込んでいったのである。

なぜ家康は逃げずに戦ったのか

DATA	
成立年代	江戸末期～明治初期
形式	錦絵三枚続
所蔵	浜松市博物館

天龍川御難戦之図

見どころ 歌川国芳の門人である芳虎が一言坂の合戦を描いた『天龍川御難戦之図』。画面左に描かれる本多忠勝は、この一言坂の合戦で殿（しんがり）を務め、自軍を無事に退却させる活躍を見せた。

若き日の家康の手痛い敗北

歌川芳虎《うたがわよしとら》の錦絵《にしきえ》『天龍川御難戦之図《てんりゅうがわごなんせんのず》』には、まだ若き徳川家康と老獪《ろうかい》な武田信玄《たけだしんげん》による、三方ヶ原《みかたがはら》の合戦の前哨戦《ぜんしょうせん》となった一言坂《ひとことざか》の合戦の戦闘が描かれている。

元亀《げんき》三年（一五七二）、信玄が西上《さいじょう》を企図《きと》して甲府《こうふ》を出陣。徳川領の遠江へと侵攻し、次々と徳川方の支城を落としていった。破竹《はちく》の進撃を続ける武田軍と徳川軍が、最初に激突したのが一言坂の合戦である。

家康は自ら三〇〇〇の兵を率いて出陣するが、三箇野川《みかのがわ》で武田の大軍二万五〇〇〇と出くわし、退却を開始。するとその途中、一言坂で武田の別働隊に遭遇してしまう。このとき、撤退する家康を守るために殿《しんがり》を務めたのが家臣の本多平八郎忠勝《ほんだへいはちろうただかつ》であった。絵図では忠勝が大軍をものともせず突入し、蜻蛉切《とんぼぎり》と呼ばれた自慢の長槍をふるって奮戦した姿が描かれている。彼の活躍のおかげで家康本隊は無事浜松城《はままつじょう》に帰還できたのである。

この忠勝の獅子奮迅《ししふんじん》の戦いは、武田軍から「家康に過ぎたるものが二つあり、唐《から》の頭《かしら》に本多平八」ともてはやされるほどであった。唐の頭というのは当時貴重だったヤクの尾毛を飾りにあしらった兜《かぶと》のこと。そうした貴重な武具と並び賞されるほど華々しい活躍ぶりだったのである。

信玄は一言坂の戦いの後、徳川方の有力支城を落とすと、浜松へと向かい兵を進める。とこ

武田信玄に大敗を喫した家康が逃げ込んだ浜松城。

ろが途中で急に西へと進路を変え、三方ヶ原《みかたがはら》の台地に向かった。この時、家康は周囲の反対を押し切って全軍をあげ信玄の後を追ったのである。三方ヶ原の先には祝田《ほうだ》という坂がある。そこで坂の上から攻め落とせば万にひとつの勝機もあると考えたのだろう。

ところが信玄はその坂にかかる前に軍を停止したかと思うと反転。家康は待ち伏せされた形となった。

信玄は時間も労力もかかる攻城戦を避け、家康をまんまと野戦におびきだしたのである。

こうなれば家康はもう蛇《へび》ににらまれた蛙《かえる》である。二倍以上の兵力を誇る武田軍に散々打ちのめされ、家康も恐怖に震えながらかろうじて浜松城に退却していった。

不利な戦いに挑んだ理由

最初から三方ヶ原の合戦は家康にとってどう考えても無謀《むぼう》な戦いであった。信玄といえば名だたる戦上手であり、武田騎馬軍団の恐ろしさはよく知られるところである。しかも敵の兵力は二倍以上もあり、地の利があるとしても家康に勝ち目はなかった。

にもかかわらず、なぜ家康は無謀な出陣をしたのか。

家康としては、武田軍に自領をやすやすと素通りさせることはもちろんプライドが許さなかっただろう。だが、それよりも、ここが自分の武将としての大きな岐路《きろ》だと悟《さと》ったからである。

当時の家康はまだ家臣団や一族、領土において政治的基盤が不安定な状況にあった。とくに新たに家臣団に加わった者たちからは、この当主は信頼できるかどうか見極めをされている状態だ。そのなかにあって弱気なところをみせれば、遠江や奥三河の武将たちは簡単に家康を見限り、信玄に寝返ってしまいかねなかった。

さらに、家康の領土の先には織田信長の尾張がある。このまま武田軍を尾張へと進軍させてしまえば、もはや信長から対等の同盟相手とはみなされないことは必定だ。

武田軍を遠江で食いとめる。これこそが家康が家臣団や一族、ひいては信長に対して自分の力を示すことにつながるのだ。

武将としての運命の分岐点に立った家康が、あえて不利な戦いに挑んだのである。

結果はやはり敗北してしまったが、家康はこれを戒《いまし》めとして大きく成長していく。

家康は敗走した際の自分の情けない姿を描かせ、慢心《まんしん》しそうになる自分の戒めにしたと伝えられる。

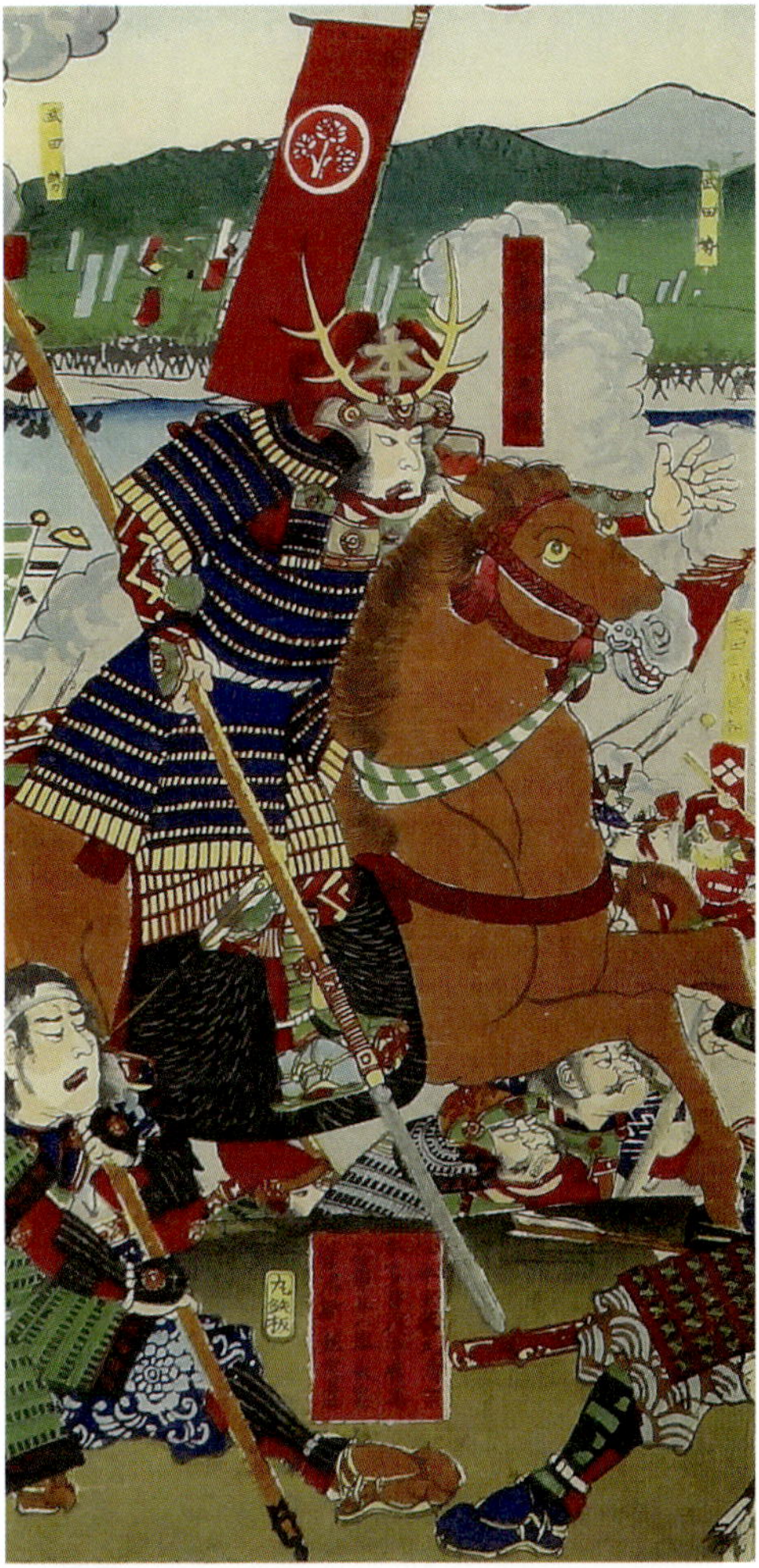

鹿の角で飾られた兜をかぶる本多忠勝。手にする得物は名槍「蜻蛉切」である。三方ヶ原の合戦の前哨戦となった一言坂の合戦で奮戦した本多忠勝は、合戦後、「家康に過ぎたるものが二つあり、唐の頭に本多平八」と武名を讃えられた。

年号	西暦	出来事
応仁 元年	一四六七	応仁・文明の乱が勃発する。
文明 九年	一四七七	応仁・文明の乱が終結する。
一四年	一四八二	足利義政、東山山荘や慈照寺銀閣などを建てる。
一七年	一四八五	山城国一揆が起こる。
長享 元年	一四八七	扇谷、山内両上杉の間で長享の乱が勃発する。
二年	一四八八	一向一揆が加賀国守護富樫政親を滅ぼす。
明応 二年	一四九三	明応の政変が勃発する。
永正 四年	一五〇七	六月、細川政元の暗殺を契機に永正の錯乱が勃発する。 八月、越後守護代・長尾為景、守護の上杉房能を討つ。
永正 七年	一五一〇	三浦の乱が勃発する。
大永 二年	一五二二	武田信虎、甲斐を統一する。
天文 五年	一五三六	五月、今川家で家督を巡り、花倉の乱が勃発する。 七月、京都を中心に天文法華の乱が勃発する。
一二年	一五四三	種子島に鉄砲が伝来する。
一八年	一五四九	三好長慶が細川晴元・足利義晴将軍を京より追放する。 鹿児島にザビエルが漂着し、キリスト教が伝来する。

戦国史と合戦図屏風

二三年	一五五四	甲駿相三国同盟が成立する。
弘治　元年	一五五五	毛利元就が**厳島の合戦**で陶隆房に勝利する。**【大内晴賢厳嶋出張図】**
永禄　三年	一五六〇	**織田信長が桶狭間にて今川義元を討ち取る。【尾州桶狭間合戦】**
四年	一五六一	八月、**武田信玄と上杉謙信が川中島八幡原で戦う。【川中島合戦図屏風】**
七年	一五六四	徳川家康、三河一向一揆を平定する。
九年	一五六六	毛利元就、月山富田城を攻める。
一一年	一五六八	織田信長、足利義昭を奉じて上洛する。
元亀　元年	一五七〇	浅井長政、織田信長より離反する。 六月、**姉川の合戦**が起こる。**【姉川合戦図屏風】** 九月、石山本願寺、織田信長に対して決起。
二年	一五七一	九月、織田信長、比叡山を焼き討ちにする。
三年	一五七二	一二月、徳川家康、**三方ヶ原の合戦**で大敗を喫する。**【天龍川御難戦之図】**
天正　元年	一五七三	九月、織田信長、浅井長政を滅ぼす。 足利義昭が京都から追放され、室町幕府が滅びる。
天正　三年	一五七五	五月、織田信長、**長篠・設楽原の合戦**で武田勝頼を破る。**【長篠合戦図屏風】**
四年	一五七六	織田信長、安土城を築城する。
五年	一五七七	九月、上杉謙信、手取川にて柴田勝家を破る。

六年	一五七八	三月、謙信の跡目を巡り、御館の乱が勃発する。 一一月、**耳川の合戦**が起こる。**【耳川合戦図屏風】**
一〇年	一五八二	三月、武田勝頼自刃し、甲斐武田家が滅亡する。 六月、織田信長、明智光秀の謀反により自害。 六月、清須会議が開かれる。 七月、徳川家康、甲斐・信濃制圧を開始する。
一一年	一五八三	三月、**賤ヶ岳の合戦**が起こる。**【賤ヶ岳合戦図屏風】** 羽柴秀吉、大坂城を築城する。
一二年	一五八四	三月、**小牧・長久手の合戦**が勃発する。**【長久手合戦図屏風】**
一三年	一五八五	三月、秀吉、紀州へ侵攻する。 八月、長宗我部元親、豊臣秀吉に降伏する。 一二月、伊達政宗、人取橋の合戦に勝利する。
一四年	一五八六	豊臣軍先鋒部隊、戸次川の合戦で敗れる。
一五年	一五八七	五月、島津氏、豊臣秀吉に降伏する。 七月、豊臣秀吉、伴天連追放令を発する。
一六年	一五八八	八月、豊臣秀吉、刀狩令を発する。
一七年	一五八九	七月、伊達政宗、摺上原の合戦において蘆名氏を破る。
一八年	一五九〇	豊臣秀吉、天下統一。

一九年	一五九一	全国規模の太閤検地が始まる。 奥州仕置きに反発して九戸政実の乱が起こる。
文禄　元年	一五九二	四月、豊臣秀吉、朝鮮へ出兵し、文禄の役が始まる。
二年	一五九三	五月、豊臣秀吉、明の使者に七つの条件を提示する。
慶長　二年	一五九七	二月、豊臣秀吉、朝鮮へ再出兵し、**慶長の役**が始まる。**【朝鮮軍陣図屏風】**
三年	一五九八	八月、豊臣秀吉、伏見城にて没する。
四年	一五九九	前田利家没する。
五年	一六〇〇	九月、**関ヶ原の合戦**が起こる。**【関ヶ原合戦図屏風】** 一〇月、直江兼続、会津の上杉景勝より西軍敗北の報を受け、撤退。
六年	一六〇一	朱印船貿易が始まる。
八年	一六〇三	一月、徳川家康、征夷大将軍に就任する。
一一年	一六〇六	三月、江戸城の天下普請が始まる。
一六年	一六一一	二条城にて徳川家康と豊臣秀頼が会見する。
一八年	一六一三	伊達政宗、慶長遣欧使節を派遣する。
一九年	一六一四	一〇月、**大坂冬の陣**が勃発する。**【大坂冬の陣図屏風】**
二〇年	一六一五	五月、**大坂夏の陣**により、豊臣家が滅亡する。**【大坂夏の陣図屏風】**

【参考文献】

『関ヶ原から大坂の陣へ』小和田哲男、『ビジュアル選書　戦国武将の合戦図』小和田哲男監修、『川中島合戦再考』長野県飯山市、『村上水軍全史』森本繁、『徳川家康事典　コンパクト版』藤野保・村上直ほか、『島左近のすべて』花ヶ前盛明編、『武田勝頼のすべて』柴辻俊六・平山優編、『別冊歴史読本13　太閤秀吉と豊臣一族―天下人と謎に包まれた一族の真相』羽生道英、『別冊歴史読本58　合戦絵巻合戦図屏風』（以上、新人物往来社）／『大坂の陣―証言・史上最大の攻防戦』『日本歴史叢書　中世武家の作法』以上、二木謙一、『戦国合戦絵屏風集成第2　賤ヶ岳合戦図・小牧長久手合戦図』、『戦国合戦絵屏風集成4　大坂冬の陣図　大坂夏の陣図』、『大坂の陣と豊臣秀頼』曽根勇二、『戦争の日本史16　文禄・慶長の役』中野等、『戦争の日本史17　関ヶ原合戦と大坂の陣』笠谷和比古（以上、吉川弘文館）／『歴史群像シリーズ戦国セレクション　決戦関ヶ原―戦国のもっとも長い日』、『決定版　歴史群像シリーズ　図説　戦国合戦図屏風』高橋修、『戦国の合戦』小和田哲男、『歴史群像シリーズ35　文禄・慶長の役』（以上、学習研究社）／『戦国10大合戦の謎―「桶狭間」から「関ケ原」まで、通説に消された真実』小和田哲男、『徹底分析　川中島合戦』半藤一利（以上、PHP研究所）／『［異説］もうひとつの川中島合戦―紀州本「川中島合戦図屏風」の発見』高橋修、『軍需物資から見た戦国合戦』盛本昌広（以上、洋泉社）／『時代考証　日本合戦図典』笠間良彦、『長篠・設楽原合戦の真実』名和弓雄（以上、雄山閣出版）／『殿様の左遷・栄転物語』榎本秋、『城と隠物の戦国誌』藤木久志（以上、朝日新聞出版）／『戦国15大合戦の真相―武将たちはどう戦ったか』『戦国史の怪しい人たち―天下人から忍者まで』以上、鈴木眞哉（平凡社）／『加藤清正　築城・宗教編』矢野四年生（熊本日日新聞情報文化センター）／『戦国　城と合戦―知れば知るほど』二木謙一監修（実業之日本社）／『図説　上杉謙信と上杉鷹山』花ヶ前盛明・横山昭男（河出書房新社）／『城のつくり方図典』三浦正幸（小学館）／『信長　近代日本の曙と資本主義の精神』小室直樹（ビジネス社）／『図解　戦国武将別　日本の合戦40』若桜木虔・山中将司（東洋経済新報社）／『Truth In History 9　戦術―名将たちの戦場』中里融司（新紀元社）／『戦国合戦事典』小和田哲男（三省堂）／『戦国十冊の名著』北影雄幸（勉誠出版）／『徳川四天王』（英和出版社）／『特別展戦国の城と馬』（財団法人馬事文化財団　馬の博物館）／『豊臣政権の海外侵略と朝鮮義兵研究』貫井正之（青木書店）／『名城と合戦の日本史』小和田哲男（新潮社）／名古屋市博物館ホームページ

青春新書
INTELLIGENCE

こころ涌き立つ「知」の冒険

いまを生きる

"青春新書"は昭和三一年に――若い日に常にあなたの心の友として、その糧となり実になる多様な知恵が、生きる指標として勇気と力になり、すぐに役立つ――をモットーに創刊された。

そして昭和三八年、新しい時代の気運の中で、新書"プレイブックス"にその役目のバトンを渡した。「人生を自由自在に活動《プレイ》する」のキャッチコピーのもと――すべてのうっ積を吹きとばし、自由闊達な活動力を培養し、勇気と自信を生み出す最も楽しいシリーズ――となった。

いまや、私たちはバブル経済崩壊後の混沌とした価値観のただ中にいる。その価値観は常に未曾有の変貌を見せ、社会は少子高齢化し、地球規模の環境問題等は解決の兆しを見せない。私たちはあらゆる不安と懐疑に対峙している。

本シリーズ"青春新書インテリジェンス"はまさに、この時代の欲求によってプレイブックスから分化・刊行された。それは即ち、「心の中に自らの青春の輝きを失わない旺盛な知力、活力への欲求」に他ならない。応えるべきキャッチコピーは「こころ涌き立つ"知"の冒険」である。

予測のつかない時代にあって、一人ひとりの足元を照らし出すシリーズでありたいと願う。青春出版社は本年創業五〇周年を迎えた。これはひとえに長年に亘る多くの読者の熱いご支持の賜物である。社員一同深く感謝し、より一層世の中に希望と勇気の明るい光を放つ書籍を出版すべく、鋭意志すものである。

平成一七年　　　刊行者　小澤源太郎

監修者紹介

小和田哲男〈おわだ　てつお〉

1944年、静岡県生まれ。早稲田大学大学院文学研究科博士課程修了。文学博士。現在、静岡大学名誉教授。(公財)日本城郭協会理事長。専門は日本中世史。おもな著書に、『小和田哲男著作集』全7巻(清文堂出版)、『戦国武将の手紙を読む』(中央公論新社)、『戦国の合戦』『戦国の城』『戦国の群像』(学習研究社)、『黒田如水』『戦国史を歩んだ道』(ミネルヴァ書房)、『黒田官兵衛 智謀の戦国軍師』(平凡社新書)、『戦国時代は裏から読むとおもしろい』(小社刊)など多数。

図説《ずせつ》　「合戦図屏風《かっせんずびょうぶ》」で読《よ》み解《と》く！
戦国合戦《せんごくかっせん》の謎《なぞ》

青春新書
INTELLIGENCE

2015年8月15日　第1刷

監修者　小《お》和《わ》田《だ》哲《てつ》男《お》

発行者　小澤源太郎

責任編集　株式会社プライム涌光
電話　編集部　03(3203)2850

発行所　東京都新宿区若松町12番1号　〒162-0056　株式会社青春出版社
電話　営業部　03(3207)1916　振替番号　00190-7-98602

印刷・大日本印刷　製本・ナショナル製本

ISBN978-4-413-04461-5